Norbert Paulo · Lando Kirchmair

Selbstfahrende Autos – wie soll über Leben und Tod entschieden werden?

 J.B. METZLER

Norbert Paulo
School of Transformation and Sustainability
Katholische Universität Eichstätt-Ingolstadt
Ingolstadt, Deutschland

Lando Kirchmair
Institut für Kulturwissenschaften/Institut für öffentliches Recht und Völkerrecht
Universität der Bundeswehr
Neubiberg, Deutschland

ISSN 2524-468X ISSN 2524-4698 (electronic)
#philosophieorientiert
ISBN 978-3-662-70649-7 ISBN 978-3-662-70650-3 (eBook)
https://doi.org/10.1007/978-3-662-70650-3

Die Deutsche Nationalbibliothek verzeichnet diese Publikation in der Deutschen Nationalbibliografie; detaillierte bibliografische Daten sind im Internet über https://portal.dnb.de abrufbar.

Englische Originalausgabe erschienen bei Routledge, Taylor & Francis Group, UK 2025, © Norbert Paulo, Lando Kirchmair

Übersetzung der englischen Ausgabe: „Moral Dilemmas Involving Self-Driving Cars" von Norbert Paulo und Lando Kirchmair, © © Norbert Paulo, Lando Kirchmair 2025. Veröffentlicht durch Routledge. Alle Rechte vorbehalten.

© Der/die Herausgeber bzw. der/die Autor(en), exklusiv lizenziert an Springer-Verlag GmbH, DE, ein Teil von Springer Nature 2025

Das Werk einschließlich aller seiner Teile ist urheberrechtlich geschützt. Jede Verwertung, die nicht ausdrücklich vom Urheberrechtsgesetz zugelassen ist, bedarf der vorherigen Zustimmung des Verlags. Das gilt insbesondere für Vervielfältigungen, Bearbeitungen, Mikroverfilmungen und die Einspeicherung und Verarbeitung in elektronischen Systemen.
Die Wiedergabe von allgemein beschreibenden Bezeichnungen, Marken, Unternehmensnamen etc. in diesem Werk bedeutet nicht, dass diese frei durch jede Person benutzt werden dürfen. Die Berechtigung zur Benutzung unterliegt, auch ohne gesonderten Hinweis hierzu, den Regeln des Markenrechts. Die Rechte des/der jeweiligen Zeicheninhaber*in sind zu beachten.
Der Verlag, die Autor*innen und die Herausgeber*innen gehen davon aus, dass die Angaben und Informationen in diesem Werk zum Zeitpunkt der Veröffentlichung vollständig und korrekt sind. Weder der Verlag noch die Autor*innen oder die Herausgeber*innen übernehmen, ausdrücklich oder implizit, Gewähr für den Inhalt des Werkes, etwaige Fehler oder Äußerungen. Der Verlag bleibt im Hinblick auf geografische Zuordnungen und Gebietsbezeichnungen in veröffentlichten Karten und Institutionsadressen neutral.

Planung/Lektorat: Franziska Remeika
J.B. Metzler ist ein Imprint der eingetragenen Gesellschaft Springer-Verlag GmbH, DE und ist ein Teil von Springer Nature.
Die Anschrift der Gesellschaft ist: Heidelberger Platz 3, 14197 Berlin, Germany

Wenn Sie dieses Produkt entsorgen, geben Sie das Papier bitte zum Recycling.

#philosophieorientiert

Reihe herausgegeben von
Thomas Grundmann
Köln, Deutschland

Wissenschaftlicher Beitrat
Susanne Boshammer
Osnabrück, Deutschland

Anne Burkard
Göttingen, Deutschland

Sascha Benjamin Fink
Erlangen, Deutschland

Frank Hofmann
Esch-Sur-Alzette, Luxembourg

Mari Mikkola
Amsterdam, Niederlande

Tobias Rosefeldt
Berlin, Deutschland

Michael Schefzcyk
Karlsruhe, Deutschland

Christine Tiefensee
Frankfurt am Main, Deutschland

Sven Walter
Osnabrück, Deutschland

Torsten Wilholt
Hannover, Deutschland

In der Politik, in der Gesellschaft aber auch im Alltäglichen haben wir es immer wieder mit grundsätzlichen Fragen danach zu tun, was man tun soll, was man glauben darf oder wie man sich orientieren sollte. Also etwa: Dürfen wir beim Sterben helfen?, Können wir unseren Gefühlen trauen?, Wie wichtig ist die Wahrheit? oder Wie viele Flüchtlinge sollten wir aufnehmen? Solche Fragen lassen sich nicht allein mit Verweis auf empirische Daten beantworten. Aber sind die Antworten deshalb bloße Ansichtssache oder eine reine Frage der Weltanschauung? In dieser Reihe zeigen namhafte Philosophinnen und Philosophen, dass sich Antworten auf alle diese Fragen durch gute Argumente begründen und verteidigen lassen. Für jeden verständlich, ohne Vorwissen nachvollziehbar und klar positioniert. Die Autorinnen und Autoren bieten eine nachhaltige Orientierung in grundsätzlichen und aktuellen Fragen, die uns alle angehen.

Für bisher erschienene Bände besuchen Sie bitte die Webseite: http://www.springer.com/series/16099

Vorwort

Wir sind dem von der Europäischen Union – NextGenerationEU – geförderten Digitalization and Technology Research Center der Bundeswehr (dtec.bw) sehr dankbar. Es mag überraschen, dass wir die Institution, die unsere Forschung finanziert hat, an erster Stelle nennen. Aber ohne die Förderung unseres Forschungsprojektes EMERGENCY-VRD gäbe es dieses Buch nicht. Das dtec.bw und die Universität der Bundeswehr München bieten ein außergewöhnliches Forschungsumfeld – intellektuell anregend und offen, wirklich interdisziplinär und mit unglaublichen technologischen Möglichkeiten.

In diesem Forschungsprojekt arbeiten wir – ein Philosoph und ein Rechtswissenschaftler – mit Matthias Gerdts – einem Ingenieurmathematiker – zusammen, um die Regulierung moralischer Dilemmata im Zusammenhang mit selbstfahrenden Autos zu untersuchen. Das Buch hat sich ganz natürlich aus dem Projekt entwickelt. Wir sind

Matthias Gerdts zu großem Dank verpflichtet. Wir könnten uns keinen besseren Partner vorstellen, um die Kluft zwischen den verschiedenen Disziplinen im Bereich selbstfahrender Autos zu überbrücken.

Für die Entstehung des Manuskripts war es sehr wichtig, dass wir jede Idee gemeinsam durchdachten, bevor wir sie aufschrieben. Aber natürlich nur, um sie dann wieder zu überdenken und einen neuen Anlauf zu nehmen. Am Ende können wir nicht mehr sagen, wer von uns was geschrieben hat. Und so haben wir vom Anfang bis zum Ende zu gleichen Teilen zu diesem Buch beigetragen. Was wir aber sagen können: Dieses Buch ist eine leicht gekürzte, überarbeitete und natürlich übersetzte Version von *Moral Dilemmas Involving Self-Driving Cars,* das wir Anfang 2025 bei Routledge veröffentlicht haben.

Bei unseren Projektworkshops und anderen Veranstaltungen haben wir viele hilfreiche Rückmeldungen erhalten. Unser besonderer Dank gilt Iris Eisenberger, Paul Schiff Berman, Yochanan Bigman, Laura A. Dickinson, Anne Meuwese, Leonie Möck, Sven Nyholm, Leon Sütfeld und Matthias Uhl. Wir haben sehr von den wohlwollenden und kritischen Kommentaren von Walter Sinnott-Armstrong, Sebastian Krempelmeier, Thomas Pölzler und Achim Stephan zu früheren Versionen dieses Buches profitiert. Schließlich danken wir Franziska Remeika und Thomas Grundmann für ihre Unterstützung und für die Bereitschaft, das Buch in die Reihe #philosophieorientiert aufzunehmen.

Abschließend möchten wir darauf hinweisen, dass wir in diesem Buch männliche und weibliche Sprachformen abwechselnd und manchmal auch gemeinsam verwendet haben. Wir hoffen, auf diese Weise niemanden durch die von uns verwendete Sprache auszuschließen und gleichzeitig den Lesefluss so weit wie möglich aufrecht zu erhalten.

Februar 2025 Norbert Paulo
Lando Kirchmair

Inhaltsverzeichnis

1 **Einleitung**   1

2 **Die Möglichkeit und Notwendigkeit einer Regulierung**   5
    1 Eine kurze Geschichte der ersten Autounfälle   5
    2 Auto-Autos sind (ein bisschen) wie Kutschen   8
    3 Wie gefährlich sind selbstfahrende Autos?   10
    4 Ethische und rechtliche Gründe für die Zulassung selbstfahrender Autos   16
    5 Algorithmus-Bias   21
    6 Das erste Gesetz der Ethik für selbstfahrende Autos: Risiko vermindern   22
    7 Moralische Dilemmata und selbstfahrende Autos   24
    8 Alte Probleme, neue Herausforderungen   28
    9 Wer sollte entscheiden?   32

3 Wie moralische Dilemmata im Zusammenhang mit selbstfahrenden Autos reguliert werden können — 37
1. Die Grundlagen: Schaden mindern! Vorrang für Menschenleben! — 37
2. Persönliche Merkmale spielen keine Rolle! Oder doch? — 39
3. Ist es richtig, Ärzten Vorrang vor Kriminellen zu geben? — 42
4. Wie wir lernten, Menschen einzuteilen: Triage — 47
5. Frauen und Kinder zuerst? — 50
6. Das Problem der Anzahl — 55
7. Zwischenergebnis — 86

4 Warum die öffentliche Moral relevant ist — 89
1. Einleitung — 89
2. Das Konzept der Moral — 91
3. Die praktische Relevanz der öffentlichen Moral — 95
4. Wie die öffentliche Moral mit Moraltheorien in Einklang gebracht werden kann – die CREP-Methode — 98

5 Anwendung der CREP-Methode auf problematische Fälle — 119
1. Sozialer Status — 120
2. Geschlecht — 125
3. Alter — 127
4. Anzahl — 132

6 Fazit — 141

Literatur — 149

1

Einleitung

Wie sollten selbstfahrende Autos für unvermeidbare Unfälle programmiert werden? Sollen sie einen älteren Menschen überfahren, wenn dadurch ein Kind gerettet werden kann, oder nur eine Person, wenn dadurch zwei Personen gerettet werden können? Dies ist weder ein Roman noch eine Science-Fiction-Geschichte. Das Thema dieses Buches wird uns alle bald direkt betreffen. Am Ende werden wir diese Entscheidung gemeinschaftlich treffen müssen, und das Ziel dieses Buches ist es, Sie darauf vorzubereiten, an dieser Entscheidung teilzuhaben. Wir möchten, dass Sie sich eine gründlich informierte Meinung über einige der schwierigsten moralischen Fragen bilden können, mit denen die Gesellschaften in den kommenden Jahren weltweit konfrontiert sein werden, nämlich über Dilemmata im Zusammenhang mit selbstfahrenden Autos.

Expertinnen gehen davon aus, dass selbstfahrende Autos viel sicherer sein werden als herkömmliche: Sie werden

© Der/die Autor(en), exklusiv lizenziert an Springer-Verlag GmbH, DE, ein Teil von Springer Nature 2025
N. Paulo und L. Kirchmair, *Selbstfahrende Autos – wie soll über Leben und Tod entschieden werden?*, #philosophieorientiert,
https://doi.org/10.1007/978-3-662-70650-3_1

deutlich weniger Unfälle verursachen und viel weniger Todesopfer fordern. Allerdings wird es immer noch einige Unfälle geben, sogar tödliche. Und einige Situationen, die zu Unfällen führen werden, sind Dilemmata, also Situationen, in denen es besonders schwer ist, eine gute Entscheidung zu treffen. Für Dilemmata ist charakteristisch, dass die moralischen Gründe für oder gegen die eine Handlungsmöglichkeit mit den moralischen Gründen, die in der anderen Handlungsmöglichkeit relevant sind, in Konflikt geraten. Stellen Sie sich vor, sie haben versprochen, eine Freundin zu besuchen; allerdings sehen sie auf dem Weg zu ihr, wie ein Kind schwer mit dem Fahrrad stürzt; Sie sind die Einzige, die das Kind schnell ins Krankenhaus bringen kann; wenn Sie dem Kind helfen, können Sie aber die Freundin nicht mehr besuchen. Natürlich liegt in dieser Situation auf der Hand, dass Sie das Versprechen brechen und dem Kind helfen sollten. Konfligierende moralische Gründe reichen also nicht aus, damit eine Situation dilemmatisch ist. Was für ein Dilemma hinzukommen muss, ist, dass die moralischen Gründe, die für inkompatible Handlungsmöglichkeiten sprechen, ähnlich schwer wiegen (Sinnott-Armstrong 2005). Man stelle sich nur ein selbstfahrendes Auto mit defekten Bremsen vor. Da es nicht bremsen kann, wird es entweder einen Fußgänger überfahren, was wahrscheinlich tödlich wäre, oder es wird in ein anderes Auto krachen, was wahrscheinlich einen Insassen dieses Autos töten würde. Da es ähnlich schwerwiegende moralische Gründe gegen die Tötung beider potentieller Opfer gibt, handelt es sich um eine Dilemma-Situation. In der Philosophie meinen manche, in solchen Dilemma-Situationen wäre jede mögliche Handlung moralisch falsch. Andere meinen, dass es auch in solchen Situationen erlaubte Handlungen gibt. Schließlich könne doch der Versuch, das aus moralischer Sicht bestmögliche zu erreichen, nicht moralisch falsch sein. Wie auch immer man zu dieser Frage steht (eine Übersicht der Positionen findet sich bei Boshammer 2008; Demaree-Cotton und Kahane 2025), klar ist, dass es für moralische Dilemmata keine einfachen Lösungen gibt. Das ist gleichzeitig der Grund dafür, dass aus juristischer Sicht die gewählte Handlung in einem moralischen Dilemma zumindest nicht als strafrechtlich schuldhaftes Verhalten angesehen wird. Wenn sich menschliche Fahrer in einer solchen Situation befinden, reagieren sie in der Regel spontan; die Zeit ist zu kurz für eine kontrollierte Reaktion, geschweige denn für eine durchdachte moralische Entscheidung. Mit der rasant fortschreitenden Technologie selbstfahrender Autos haben wir zum ersten Mal in der Geschichte der Menschheit die Möglichkeit, im Voraus zu entscheiden, was in solchen Dilemma-Situationen geschehen soll. Schon bald können wir Autos so programmieren, dass sie das tun, was wir als die beste moralische Lösung für solche Situationen ansehen.

Dies ist eine große Chance. Aber es ist auch eine große Verantwortung. Gesellschaften auf der ganzen Welt müssen nun entscheiden, wie selbstfahrende Autos für Dilemma-Situationen im alltäglichen Straßenverkehr programmiert werden sollen. Ob es uns gefällt oder nicht, wir, die Bürgerinnen und Bürger, müssen entscheiden, wer gerettet werden soll und wer vermutlich sterben muss.

Wir versprechen nicht, dass es Ihnen nach der Lektüre dieses Buches leichtfallen wird, zu diesem Problem Stellung zu beziehen. Aber Sie werden verstehen, warum es für die Gesellschaft keine Möglichkeit gibt, *keine* Entscheidung zu treffen. Sie werden auch verstehen, warum es für Ethikerinnen, Juristinnen und – *last but not least* – Politikerinnen wichtig ist, zu wissen, was die Bevölkerung über moralische Dilemmata im Zusammenhang mit selbstfahrenden Autos denkt.

2

Die Möglichkeit und Notwendigkeit einer Regulierung

1 Eine kurze Geschichte der ersten Autounfälle

Es war im Jahr 1885, als der deutsche Ingenieur Carl Benz seinen „Benz Patent-Motorwagen Nummer 1" vorstellte. In diesem ersten „Benz" ersetzte ein Verbrennungsmotor Zugtiere als Antriebsmittel. Er gilt als erstes praktikables Automobil und ist der Anfang dessen, was heute als „Mercedes-Benz" bekannt ist. Es dauerte jedoch noch drei Jahre und benötigte den Mut einer Frau, um der Welt zu zeigen, wie praktikabel Automobile wirklich sind. Am 5. August 1888 will Bertha Benz ihre Mutter im etwa 100 km entfernten Pforzheim besuchen. Sie beschließt kurzerhand, den „Motorwagen Nummer 3" zu benutzen. Ohne das Wissen ihres allzu vorsichtigen Ehemanns Carl – und ohne Führerschein – begibt sie sich mit ihren beiden Söhnen auf die erste längere Autofahrt überhaupt (Deutsches

Patent- und Markenamt 2022). Das war der Beginn des Automobils, dessen Erfindung den Individual- und Massenverkehr gleichermaßen veränderte und letztlich völlig neue Lebensformen ermöglichte. So wäre beispielsweise die rasante Entwicklung der Vorstädte ohne Autos und Busse mit Verbrennungsmotor nicht möglich gewesen.

Es wurde jedoch bald klar, dass mehr Autos auch zu mehr Unfällen führen. Zugtiere trampeln normalerweise nicht über Menschen. Sie haben die natürliche Tendenz, einen Zusammenstoß zu vermeiden, selbst wenn die Kutscherin nicht erkennt, dass sie auf ein Hindernis zusteuert. Es heißt, gut trainierte Zugtiere brächten sogar ihre betrunkenen Kutscher sicher nach Hause. Autos verfügen leider nicht über solche natürlichen Instinkte oder Talente.

Am 17. August 1896, einem lauen Sommernachmittag, wurde Bridget Driscoll, die 44-jährige Frau eines Arbeiters aus Old Town, Croydon, das erste Opfer eines Autounfalls. Frau Driscoll verbrachte ihren Tag in Crystal Palace im Südosten Londons, als sie von einem Roger-Benz angefahren wurde. Dieser Wagen basierte auf einer Erfindung von Carl Benz und wurde von dem Franzosen Émile Roger entwickelt. Er war Teil einer aufsehenerregenden Automobilausstellung in Crystal Palace. Der Fahrer war nicht betrunken, wohl aber zu schnell. Ein Zeuge des Unfalls sagte aus, dass der Wagen mit einem ungeheuren Tempo fuhr, mindestens so schnell wie ein gutes Pferd galoppieren kann (McFarlane 2010). Wie hoch genau die Geschwindigkeit des Wagens war, konnte in den Ermittlungen nicht klar festgestellt werden. Sie lag vermutlich irgendwo zwischen den erlaubten 6 und 12 km/h (Porter 1998).

Natürlich war dieser erste tödliche Autounfall nicht der letzte. Am 12. Februar 1898 verunglückte der Geschäftsmann Henry Lindfield aus Brighton, ein Handelsvertreter für Internationale Automobile, als erster Fahrer eines

Automobils bei einem Unfall tödlich. Lindfield hatte bei einer Geschwindigkeit von ca. 25 km/h die Kontrolle über sein Fahrzeug verloren und war gegen einen Baum geprallt. Offenbar war es erst das zweite oder dritte Mal, dass er Auto gefahren ist. Lindfield starb wenige Stunden nach dem Unfall im Krankenhaus an den Folgen eines Schocks, nachdem ihm ein Bein amputiert worden war (Information Britain 2010).

Das Auto, mit dem Lindfield verunglückte, wurde elektrisch betrieben. Waren benzinbetriebene Autos vielleicht sicherer? Wer seine Hoffnungen darauf setzte, wurde bald enttäuscht. Heute erinnert eine Gedenktafel an einen Unfall, der sich am 25. Februar 1899 bei Grove Hill in London ereignete. Der Fahrer, Edwin Root Sewell, und einer der Beifahrer, Major Ritche, verunglückten aufgrund eines gebrochenen Vorderrads. Der Fahrer war auf der Stelle tot; Ritche erlag später seinen Verletzungen; die anderen vier Insassen wurden nur leicht verletzt. Sewell und Ritche waren die ersten Personen, die bei einem Unfall mit einem benzinbetriebenen Kraftfahrzeug ums Leben kamen (London Remembers 2024).

Aber nicht nur Briten verunglückten mit Autos. Am 14. September 1899 wurde Henry Hale Bliss, ein 69-jähriger New Yorker Immobilienmakler, das erste (bekannte) Opfer der automobilen Revolution in den Vereinigten Staaten von Amerika. An diesem Tag stieg er in New York City in der Nähe des Central Park aus einer Straßenbahn. Als Gentleman *par excellence* drehte er sich um und reichte seiner Begleiterin die Hand. Dies sollte sich als fatal erweisen. Er wurde von einem elektrisch betriebenen Taxi, das wenig Lärm verursachte, überfahren. Zwar war der Fahrgast in dem Taxi zufällig Arzt. Auch er konnte aber nicht entscheidend helfen. Bliss starb am nächsten Tag im Roosevelt Hospital (Eschner 2017).

2 Auto-Autos sind (ein bisschen) wie Kutschen

Mehr als 125 Jahre nach dem ersten tödlichen Autounfall verursacht der moderne Autoverkehr weltweit jährlich ca. 1,19 Mio. Todesfälle (World Health Organization 2023). Ein großer Anteil der tödlichen Verkehrsunfälle (in den USA z. B. ca. 90 %) sind auf Fehler der Fahrenden zurückzuführen, etwa weil sie zu schnell fuhren, Vorfahrtsregeln missachteten oder weil sie so müde oder betrunken waren, dass sie nicht schnell genug reagieren konnten (Dingus u. a. 2016). Auf Deutschlands Straßen gab es 2023 2,5 Mio. Straßenverkehrsunfälle (Statista 2024a), bei denen 2839 Menschen ums Leben kamen (Statista 2024b). Wie in den USA sind auch in Deutschland die meisten tödlichen Verkehrsunfälle auf menschliche Fehler zurückzuführen.

Es gibt eine technische Innovation, die verspricht, diese menschlichen Fehler zu überwinden und Autos wieder so sicher wie Kutschen zu machen, nämlich die Entwicklung von selbstfahrenden Autos, oft auch „autonome" Autos genannt, was das Magazin *Der Spiegel* zu dem originellen Spitznamen „Auto-Auto" verleitete (Ausgabe 9/2016). Gemeint sind selbstfahrende Autos, die „automatisch", also ohne menschliches Zutun, sowohl angetrieben *als auch* gesteuert werden. Mit anderen Worten: Sie kombinieren und automatisieren die Fähigkeiten der Kutscherin und ihrem Zugtier. Pferde und Menschen werden nun durch Technologie ersetzt. Automatisierte Fahrzeuge brauchen zur Steuerung keine Menschen mehr; und wenn es keine Fahrenden gibt, können diese auch keine Fehler beim Fahren machen. Die automatisierte Steuerungstechnik macht also Autofahrten sicherer (Papadoulis u. a. 2019), indem sie Autos wieder mehr wie Kutschen mit Zugtieren macht.

Es ist verlockend, den Luxus einer entspannten Bahn- oder Flugreise mit der individuellen Flexibilität einer Autofahrt zu verbinden. Durch den Wegfall der Last, selbst fahren zu müssen, bahnt sich mit dem Aufkommen selbstfahrender Autos nicht weniger als eine weitere Mobilitätsrevolution an. Solche Fahrzeuge ermöglichen auch mehr Inklusion, da die Notwendigkeit von Führerschein und Fahrfähigkeit der Vergangenheit angehören wird. Alle, auch Kinder, ältere und mobilitätseingeschränkte Menschen, werden mit dem Auto unterwegs sein können, ohne auf einen anderen Menschen angewiesen zu sein, der sie fährt.

Übrigens mag die Bezeichnung „autonome Fahrzeuge" in der öffentlichen Debatte verbreiteter sein als „selbstfahrende Autos". Wir ziehen aber letzteren Begriff vor, weil „autonom" in diesem Zusammenhang potenziell irreführend ist. „Autonomie" wird in der Philosophie und im Recht üblicherweise sehr wörtlich genommen. Da *autós* für Selbst und *nómos* für Gesetz steht, wird Autonomie so verstanden, dass sich der Begriff auf so etwas wie Selbstgesetzgebung bezieht – wenn eine Person autonom ist, ist sie ihr eigener Gesetzgeber. Das ist bei selbstfahrenden Autos sicherlich nicht der Fall, denn sie sind so konstruiert, dass sie zu einem bestimmten Ort fahren, anstatt selbst zu entscheiden, wo es schön wäre, hinzufahren. Sie sind in der Lage, das auszuführen, was Menschen beschlossen haben, aber sie sind nicht wirklich autonom (eine eingehendere Auseinandersetzung mit dem Autonomiebegriff im Kontext selbstfahrender Autos bietet Schäffner 2024, Abschn. 2.1). Auch die gängige Klassifizierung der SAE (Society of Automotive Engineers) spricht selbst bei der höchsten Automatisierungsstufe 5 nicht mehr von „autonomen" Fahrzeugen (SAE International 2021). Im deutschen Straßenverkehrsgesetz, das seit dem Gesetz zum autonomen Fahren 2021 auch Regelungen für selbstfahrende

Autos beinhaltet, ist hingegen bei Fahrzeugen der Stufe 4 noch von einer „autonome[n] Fahrfunktion" die Rede, die nach § 1d dann gegeben ist, wenn das Fahrzeug „die Fahraufgabe ohne eine fahrzeugführende Person selbstständig in einem festgelegten Betriebsbereich erfüllen kann".

3 Wie gefährlich sind selbstfahrende Autos?

Können selbstfahrende Autos tatsächlich dazu beitragen, den Straßenverkehr sicherer zu machen? Gibt es nicht viele Unfälle mit solchen Autos? Der erste weithin bekannte tödliche Unfall mit einem Tesla, der über eine „Autopilot" genannte Selbstfahr-Technologie verfügt, ereignete sich im Mai 2016 (Bonnefon 2021, Kap. 17). Ein großer Lkw hatte an einer Kreuzung vor dem Tesla die Autobahn überquert (ja, es gibt in den USA Autobahnen, die Kreuzungen haben). Der Tesla bremste nicht und fuhr unter den Lkw, verlor sein Dach und kam von der Straße ab, bis er gegen einen Pfosten prallte. Wie eine Untersuchung des Unfalls ergab, hatte der tödlich verunglückte Fahrer das Auto nicht richtig überwacht. Obwohl das Auto den Fahrer mehrfach aufgefordert hatte, die Hände am Steuer zu lassen, tat der Fahrer dies in den 37 min vor dem Unfall nur insgesamt 25 s lang. Offenbar kann der Autopilot von Tesla ein Auto also ziemlich selbstständig steuern. Allerdings sind seine Fähigkeiten sehr begrenzt. Er ist für klare und einfache Umstände gemacht. Unter anderem wurde der Autopilot nur für „klassische" Autobahnen konzipiert, nicht aber für solche mit Kreuzungen. Der Bericht stellte fest, dass der Autopilot zwar fehlerfrei funktionierte, dass er aber nicht für eine solche Situation gedacht war. Die Schuld am Unfall wurde beim tödlich verunglückten Fahrer gesehen.

Im Jahr 2018 kam es zum ersten Unfall, bei dem eine Fußgängerin Opfer eines selbstfahrenden Autos wurde. Ein Auto der Uber-Flotte war im Selbstfahr-Modus unterwegs. Es saß aber auch eine Person am Steuer, die das Auto überwachen sollte. Das Auto fuhr mit 65 km/h auf einer vierspurigen Straße in Tempe, Arizona, als es Elaine Herzberg überfuhr und tötete (Levin und Carrie 2018). Es war dunkel. Das Opfer versuchte, ein Fahrrad schiebend die Straße an einer unübersichtlichen Stelle zu überqueren. Das Problem könnte darin bestanden haben, dass die Überwachungsfahrerin nicht rechtzeitig reagieren konnte, weil sie Elaine Herzberg in der Dunkelheit nicht sehen konnte. Die Polizei hat zwei Videos zum Unfallgeschehen veröffentlicht: Die Innenraumkamera des Autos filmte die Fahrerin während der 15 s vor dem Unfall. Das Filmmaterial scheint zu zeigen, dass sie nicht auf die Straße schaute. Wie die Ermittlungen später ergaben, wurde auf dem Handy der Fahrerin eine Folge der Castingshow *The Voice* gestreamt, als sich der Unfall ereignete. Es bleibt jedoch unklar, ob sie aufs Handy geschaut oder die Folge lediglich angehört hat (Somerville und Shepardson 2018). Aber warum hat das Auto nicht gebremst oder zumindest die Fahrerin gewarnt? Das Auto erkannte das Hindernis sechs Sekunden vor dem Unfall. Es wollte eine Notbremsung einleiten, tat es aber nicht. Warum nicht? Weil das Auto so programmiert war, dass nur die Überwachungsfahrerin befugt war, eine Notbremsung einzuleiten. Das Auto hat die Fahrerin erst 0,2 s vor dem Aufprall alarmiert. Nach diesem tragischen Unfall änderte Uber die Einstellungen (Bond 2018). Die Überwachungsfahrerin wurde 2020 wegen fahrlässiger Tötung angeklagt, nachdem sie sich der fahrlässigen Gefährdung schuldig bekannt hatte, einer weniger schwerwiegenden Anklage. Sie wurde schlussendlich zu drei Jahren bedingter Freiheitsstrafe verurteilt. Interessanterweise hatte die Staatsanwaltschaft bereits im März

2019 erklärt, dass Uber nicht strafrechtlich verfolgt werden würde (Shepardson 2023).

Um solche Unfälle, von denen es in Zukunft sicherlich noch viele geben wird, bewerten zu können, ist es wichtig zu verstehen, dass es bei Autos verschiedene Automatisierungsgrade gibt. Diese Stufen gehen Hand in Hand mit den verschiedenen Rollen, die der Mensch im Fahrprozess einnimmt. Nach der gebräuchlichen Taxonomie der SAE gibt es sechs Stufen (SAE International 2021). Je höher der Automatisierungsgrad, desto mehr Fahraufgaben kann das Auto selbständig erledigen. Stufe 0 bedeutet keine Automatisierung des Fahrens. Dies wäre das konventionelle Automobil, wie es von Carl Benz erfunden wurde. Auf Stufe 1 verfügt das Auto über Fahrassistenzsysteme wie einen adaptiven Geschwindigkeitsregler oder ein Spurhaltesystem. Praktisch jedes moderne Auto verfügt über solche Assistenzsysteme. Auf Stufe 2 ist das Fahrzeug in der Lage, relativ einfache Dinge selbstständig zu erledigen, wie z. B. Einparken oder Überholmanöver unter günstigen Bedingungen, wobei die Fahrerin das Fahrzeug jederzeit überwachen muss. Die meisten Unfälle, über die gegenwärtig in den Medien berichtet wird, ereignen sich mit Fahrzeugen der Stufe 2. Ein Bericht der National Highway Traffic Safety Administration zeigt, dass den US-Behörden in einem Zeitraum von zehn Monaten in den Jahren 2021 und 2022 weniger als 400 Unfälle mit Fahrzeugen der Stufe 2 gemeldet wurden; mindestens sechs davon hatten tödliche Folgen (NHTSA 2022). Sowohl der Tesla als auch das Fahrzeug der Uber-Flotte, die in die tödlichen Unfälle von 2016 und 2018 verwickelt waren, gehören zur Stufe 2, ebenso wie fast alle „selbstfahrenden" Autos, die bereits für die breite Öffentlichkeit erhältlich sind. Die Unfälle, über die Sie in den Nachrichten gelesen haben, sind höchstwahrscheinlich darauf zurückzuführen, dass die Technologie für die Situationen, mit denen die Autos konfrontiert waren, noch nicht bereit war. Auch wenn diese Unfälle durch technische Fehler verursacht wurden, haben die menschlichen Fahrer ihre Verantwortung nicht wahrgenommen.

Seit Anfang 2022 ist das Autopilot-System von Mercedes-Benz, der so genannte „Drive Pilot", für die Allgemeinheit verfügbar (Auslieferungen begannen in der zweiten Hälfte 2023). Es ist das erste System der Stufe 3, das dem internationalen UN-Standard R157 entspricht und bereits von allen gekauft werden kann, die über das nötige Kleingeld verfügen. Seit Januar 2023 war dieses System auch in Nevada und bald darauf in Kalifornien verfügbar. Kalifornien ist der Staat, in dem der erste Mercedes verkauft wurde, der es den Fahrern gesetzlich erlaubte, das Auto nicht zu überwachen (Jones 2024). Übertroffen wurde Mercedes-Benz nur von einem anderen Autohersteller. Honda hat in Japan bereits 2021 Autos der Stufe 3 angeboten (Honda 2021). Bei Level 3 muss die Fahrerin das Auto nicht ständig überwachen, wenn es automatisch fährt. Allerdings muss sie in der Lage sein, die Kontrolle wieder zu übernehmen, wenn das Auto sie dazu auffordert, was bedeutet, dass man nicht betrunken oder abgelenkt sein darf. Man sollte auch nicht schlafen. Obwohl es sich beim Drive Pilot um ein System der Stufe 3 handelt, ist sein Einsatz noch recht begrenzt. Vorerst wurde er nur für bestimmte Autobahnen in Deutschland sowie „Freeways" in Kalifornien und Nevada behördlich zugelassen. Er durfte nur bis zu einer Geschwindigkeit von 60 km/h bzw. 40 mph, bei günstigen Wetterbedingungen und solange keine Baustellen oder andere ungewöhnliche Umstände vorliegen, eingesetzt werden. Mit anderen Worten, seine Nutzung war (und ist) stark eingeschränkt. Zumindest nahezu unbegrenzte Geschwindigkeiten, wie sie auf deutschen Autobahnen traditionell erlaubt sind, waren (und sind) mit dem Drive Pilot nicht möglich. Aber im

Stau kann er durchaus von Vorteil sein. Dann können Fahrende und Beifahrende das nervige Stop-and-Go dem Drive Pilot überlassen und zum Beispiel *The Voice* schauen.

Die Technologie verändert sich ständig. Neue Verbesserungen können langsamer oder schneller als erwartet eingeführt werden. So wurde kürzlich die erlaubte Geschwindigkeit (unter bestimmten Bedingungen) von 60 auf 95 km/h angehoben. Bis Ende der 2020er Jahre soll sie schon bei 130 km/h liegen. Noch nicht ganz im Stil von Max Verstappen, aber die Technologie schreitet voran. Seit Dezember 2023 testet Mercedes Autos der Stufe 3 auch in einer Großstadt, nämlich in Peking (Prawitz 2023) und seit 2024 bietet auch BMW ein Fahrzeug an, das Automatisierung auf Stufe 3 beherrscht.

Auf Stufe 4 sind die Menschen im Auto nicht mehr Fahrende, sondern ausschließlich Passagiere. Die Autos können allein fahren, aber ihre Fähigkeit zum automatischen Fahren ist immer noch auf bestimmte Umgebungen oder günstige Bedingungen beschränkt. Auf Stufe 5 ist das Auto vollständig automatisiert, d. h., es kann die gesamte Fahraufgabe völlig allein, in allen Umgebungen und unter allen Bedingungen ausführen. Auf dieser letzten Stufe ist es nicht einmal mehr möglich, dass die Passagiere in den Fahrvorgang eingreifen. Nach Angaben der National Highway Traffic Safety Administration wurden im gleichen Zehnmonatszeitraum 2021 und 2022 in den USA 130 Unfälle mit Autos der Stufen 3 bis 5 gemeldet, von denen keiner tödliche Folgen hatte. Alle Unfälle ereigneten sich bei Testfahrten und unter menschlicher Aufsicht (NHTSA 2022).

Waymo, das wie Google zu Alphabet gehört, betreibt einen „Robo-Taxi"-Service in Phoenix, Arizona, sowie in San Francisco und Los Angeles, Kalifornien. Chinas Robo-Taxi Baidu bringt Fahrgäste innerhalb des Pekinger Wirtschafts- und Technologieentwicklungsgebiets an ihr Ziel. Waymo teilte kürzlich mit, dass seine selbstfahrenden Autos mit 11 Mio. gefahrenen Kilometern im Vergleich zu von Menschen gesteuerten Autos bereits weniger Unfälle verursacht haben. Das Unternehmen meldete schätzungsweise 17 weniger Verletzte und 20 weniger polizeilich gemeldete Unfälle bei gleicher Laufleistung als bei von Menschen gesteuerten Autos. In anderen Statistiken behauptet Waymo, dass seine Autos – ohne Menschen am Steuer, aber mit menschlichen Fahrgästen – unter Berücksichtigung dieser zurückgelegten Kilometer die Zahl der Unfälle mit Verletzten um 85 % und die Zahl der polizeilich gemeldeten Unfälle um 57 % reduziert zu haben (Waymo 2023). So beeindruckend diese Zahlen auch sind, sie belegen auch, dass selbstfahrende Autos weiterhin in Unfälle verwickelt sind.

Es wird heftig darüber diskutiert, wie schnell Autos mit vollständiger Fahrautomatisierung auf Stufe 5 für die Allgemeinheit, Taxiunternehmen usw. erhältlich sein werden. Während Tesla andere Autohersteller schon früh mit der Behauptung schockierte, es werde in Kürze „autonome Autos" produzieren, ist sein Autopilot ein recht typisches Assistenzsystem der Stufe 2. Dennoch sind optimistische Experten der Ansicht, dass Fahrzeuge der Stufe 5 in einigen Ländern bis Ende der 2020er Jahre Realität werden könnten (Litman 2020). Andere sind der Meinung, dass die vollständige Automatisierung des Fahrens sehr viel komplexer ist und dass es noch viel länger dauern wird, bis sie Realität wird (Winton 2022). Der deutsche Gesetzgeber war jedoch schon 2021 davon überzeugt, dass es trotz einiger Skepsis an der Zeit ist, umfassende Gesetze zur Regulierung selbstfahrender Autos (einschließlich der höheren Automatisierungsstufen) zu erlassen. Ende 2024 erwartete das Kraftfahrt-Bundesamt (KBA) einen durchaus umfassenden Einsatz von sogenannten „Robo-Bussen". So wird der Präsident des KBA mit der optimistischen Einschätzung zitiert, dass „2026, spätestens 2027 […] selbstfahrende Robo-Busse in den ersten Städten in

Deutschland unterwegs sein und Fahrgäste transportieren" werden (Kanter 2024). Erprobt werden solche Busse bereits jetzt unter schwierigsten Bedingungen. Während des Oktoberfests konnte man sich von einem Robo-Bus zwischen dem Münchner Hauptbahnhof und der Wiesn hin- und herfahren lassen.

Für die Zwecke dieses Buches gehen wir davon aus, dass selbstfahrende Autos der Stufe 5 angehören. Da es Systeme der Stufe 5 noch nicht gibt, sprechen wir daher vermutlich über die mittelfristige Zukunft. Auch wenn einige der diskutierten Probleme schon bei Fahrzeugen mit niedrigerem Automatisierungsgrad auftreten können, gehen wir immer davon aus, dass nicht der menschliche Fahrer, sondern das automatisierte Fahrzeug bremst oder nicht bremst, ausweicht oder nicht ausweicht usw.

4 Ethische und rechtliche Gründe für die Zulassung selbstfahrender Autos

Wenn die Einführung selbstfahrender Autos die Zahl der Verkehrsunfälle und damit die Zahl der Todesopfer tatsächlich deutlich reduziert, dann ist das ein starker Grund, sie für den Straßenverkehr zuzulassen.

Ob diese Annahme zutrifft, ist sehr schwer zu beurteilen, nicht zuletzt, weil es schwierig ist, die Unfallstatistiken für selbstfahrende Autos sinnvoll mit denen für herkömmliche Autos zu vergleichen. Zum Beispiel werden selbstfahrende Autos meist unter günstigen Bedingungen getestet – etwa bei gutem Wetter. Außerdem werden sie oft auf Autobahnen oder anderen Straßen getestet, auf denen Unfälle relativ selten sind. Zudem werden die Systeme fast immer in recht neuen Auto-Modellen eingesetzt, die mit modernsten Sicherheitsfunktionen ausgestattet sind. Es ist also klar, dass wir die Sicherheitsstatistiken für selbstfahrende Autos im Testbetrieb nicht einfach mit den Statistiken für alle konventionellen Autos (alte und neue) vergleichen können, die unter allen Wetterbedingungen (guten und schlechten) und auf allen Straßentypen (mit hohen und niedrigen Unfallraten) fahren. Bis wir wirklich sicher sein können, dass selbstfahrende Autos unter allen Umständen sicherer sind als herkömmliche Autos, werden vermutlich viele Jahre vergehen, in denen Daten aus dem realen Fahrbetrieb gesammelt werden (European Commission Expert Group 2020, Kap. 1).

Was wir aber wissen, ist, dass der Mensch Fehler macht. Wir alle verhalten uns von Zeit zu Zeit unglaublich schlecht, sind etwa fahrlässig, unkonzentriert oder gar rücksichtslos. Und es sind solche dummen Fehler, die zu einer großen Anzahl von Todesfällen im Autoverkehr führen. Ein zentrales Versprechen der Einführung selbstfahrender Autos ist, dass der Verkehr sicherer wird, weil sie nicht zu schnell fahren, nicht telefonieren, nicht unter Alkohol- oder Drogeneinfluss fahren, nicht am Steuer einschlafen oder während der Fahrt Videos anschauen. Wenn das stimmt, gibt es starke moralische Gründe dafür, sie für den allgemeinen Straßenverkehr zuzulassen.

Die moralischen Gründe für selbstfahrende Autos liegen auf der Hand. Nehmen wir das alte moralische Gebot *primum non nocere, secundum cavere, tertium sanare* („erstens nicht schaden, zweitens vorsichtig sein, drittens heilen"), das mindestens auf den hippokratischen Eid zurückgeht (ca. 5. bis 3. Jahrhundert v. Chr.), und den Grundsatz *neminem laedere* („niemandem schaden"), der einige Jahrhunderte später erstmals von dem römischen Juristen Ulpian formuliert wurde. Heute wird derselbe Gedanke mit dem Nichtschadens-Prinzip formuliert, das es jedem verbietet, die Interessen anderer zu beeinträchtigen, und zwar sowohl in der Medizin als auch in allen anderen Bereichen des menschlichen Verhaltens. Wie diese traditionellen moralischen Grundsätze deutlich machen, ist das Verbot, anderen zu schaden, eine Säule der Moral. Es ist auch von zentraler Bedeutung für das moderne Verständnis dessen, was der Staat regeln kann und soll.

In seinem 1859 erschienenen Buch *On Liberty (Über die Freiheit)* vertrat der englische Philosoph John Stuart Mill bekanntermaßen die Ansicht, dass „der einzige Grund, aus dem die Menschheit, einzeln oder vereint, sich in die Handlungsfreiheit eines ihrer Mitglieder einzumengen befugt ist, der ist: sich selbst zu schützen" (Mill 1988 [1859], 16). Dieses „Schadensprinzip", das dem heutigen Verständnis von individuellen Rechten und deren Einschränkung zugrunde liegt, liefert auch gute Gründe für den Übergang von herkömmlichen zu selbstfahrenden Autos. Oft wissen wir aber nicht, was Schaden verursachen wird und was nicht. Was wir wissen, ist, dass etwas Schaden verursachen *könnte*. Mill versteht das Schadensprinzip so, dass man einen Schaden umso weniger riskieren darf, je größer das Ausmaß des drohenden Schadens und je größer die Wahrscheinlichkeit ist, dass sich das Risiko realisiert (Brink 2007). Natürlich kommen nicht bei jeder Autofahrt Menschen ums Leben, aber jede Fahrt birgt das Risiko, dass jemand getötet wird. Da die Gefahr, getötet zu werden, wohl zu den schlimmstmöglichen Schäden gehört, fordert das Schadensprinzip die Regulierung des Straßenverkehrs. Das Schadensprinzip spricht auch für die Einführung selbstfahrender Autos, zumindest dann, wenn das Risiko tödlicher Unfälle bei ihnen substantiell geringer ist als bei herkömmlichen Autos.

In diesem Sinne kam eine hochrangig besetzte und vom deutschen Bundesverkehrsministerium beauftragte und spezifisch für diesen Zweck zusammengesetzte Ethik-Kommission „Automatisiertes und Vernetztes Fahren"

– nicht zu verwechseln mit dem Deutschen Ethikrat – in ihrem 2017 veröffentlichten Bericht zu folgendem Schluss: „Die Einführung höherer automatisierter Fahrsysteme insbesondere mit der Möglichkeit automatisierter Kollisionsvermeidung kann gesellschaftlich und ethisch geboten sein, wenn damit vorhandene Potentiale der Schadensminderung genutzt werden können" (Ethik-Kommission 2017, 11).

Aus rechtlicher Sicht ist das Recht auf Leben eines der grundlegendsten individuellen Rechte. Es ist in der Allgemeinen Erklärung der Menschenrechte und in Verfassungen weltweit verankert. Interessanterweise verbietet Artikel 2 der Europäischen Menschenrechtskonvention (EMRK) dem Staat nicht nur die absichtliche Beendigung menschlichen Lebens, sondern verpflichtet ihn auch, bestimmte Vorsichtsmaßnahmen zu ergreifen, um gefährliche Situationen zu verhindern. Der Staat hat also die Pflicht, Individuen vor Bedrohungen zu schützen, und das meint nicht nur Gefahren, die vom Staat, sondern auch solche, die von anderen Individuen ausgehen. Es ist jedoch nicht einfach, für jeden konkreten Fall festzustellen, ob diese Schutzpflicht greift. Nach Ansicht des Europäischen Gerichtshofs für Menschenrechte umfasst sie z. B. Schutzmaßnahmen für Personen, deren Leben durch Umweltgefahren oder durch gefährliche Tätigkeiten bedroht ist (*Öneryildiz v Turkey*, App no 69546/12, 30 November 2004).

Die Schutzpflicht des Staates ist natürlich begrenzt. So muss der Staat beispielsweise den Straßenverkehr nicht verbieten, nur weil er gefährlich ist. Ein gewisses Risiko wird als normaler Bestandteil des Lebens angesehen. Dennoch muss der Staat gesetzliche Maßnahmen ergreifen, um bekannte vom Straßenverkehr ausgehenden Gefahren von schweren Unfällen zu reduzieren (Grabenwarter und Pabel 2021). Die Festlegung angemessener und wirksamer Verkehrsregeln, wie z. B. eines maximalen

Blutalkoholspiegels, ist notwendig, um den Einzelnen vor solchen Gefahren zu schützen. Derartige Verkehrsregeln können als Voraussetzung für die Rechtmäßigkeit des Straßenverkehrs angesehen werden. Wären sie nicht vorhanden, müsste der Straßenverkehr verboten werden. Soweit selbstfahrende Autos das Versprechen erfüllen, die Sicherheit im Straßenverkehr deutlich zu erhöhen, ist davon auszugehen, dass die Zulassung solcher Fahrzeuge unter die Schutzpflicht des Staates fällt (Art. 2 EMRK).

Manche argumentieren sogar, dass von Menschen gesteuerte Autos verboten werden sollten, wenn selbstfahrende Autos sicherer sind als normale Autos. Wie Robert Sparrow und Mark Howard es ausdrücken, würden menschliche Fahrer zu „betrunkenen Robotern", sobald selbstfahrende Autos wie erwartet funktionieren (Sparrow und Howard 2017). Mit anderen Worten: Menschen sollten aus dem Verkehr gezogen werden, da sie im Vergleich zu funktionierenden selbstfahrenden Autos ein Sicherheitsrisiko darstellen. Dies ist natürlich sehr spekulativ. Viele andere Überlegungen spielen ebenfalls eine Rolle, beispielsweise die Verfügbarkeit selbstfahrender Autos für alle, die ihre Mobilitätsbedürfnisse nur mit einem Auto decken können, oder die Möglichkeit, herkömmliche Autos sicherer zu machen, etwa durch Alkohol-Wegfahrsperren (Nyholm 2023). Als Bundeskanzlerin hat Angela Merkel bereits 2017 vorausgesagt, dass in 20 Jahren – also 2037 – niemand mehr ohne eine Sondergenehmigung, die weit über den heutigen Führerschein hinausgeht, auf öffentlichen Straßen fahren dürfen wird (Vitzthum 2017). Wie dem auch sei: Wenn die Einführung selbstfahrender Autos tatsächlich zu einer deutlichen Senkung der Zahl tödlicher Autounfälle führt, gibt es gute moralische und rechtliche Gründe, sie auf die Straße zu bringen.

Die starken Gründe für die Einführung selbstfahrender Fahrzeuge auf öffentlichen Straßen gelten nur mit einer wichtigen Einschränkung: sie sollte keine neuen Risiken mit sich bringen, die mit herkömmlichen Autos nicht bestehen; und wenn sie doch zu neuen Risiken führen, sollten diese deutlich geringer sein als jene, die zuvor bestanden.

5 Algorithmus-Bias

Haben Sie schon einmal vom Algorithmus-Bias gehört (als „Bias" bezeichnet man eine kognitive Verzerrung)? Timnit Gebru, Googles „Star-KI-Ethikerin", gab am 2. Dezember 2020 auf Twitter bekannt, dass sie aus dem Unternehmen gedrängt wurde. Mehr als 1400 Google-Angestellte und viele andere unterzeichneten zwei Tage später einen Protestbrief, in dem sie Dr. Gebru Unterstützung aussprachen. Sie erklärten, ihre Kündigung sei auf eine „beispiellose Forschungszensur" zurückzuführen (Google Walkout For Real Change 2020). Warum war Dr. Gebru überhaupt so berühmt und warum ist ihre Arbeit für große Technologieunternehmen anscheinend so unbequem? Im Jahr 2018 war sie Mitautorin eines sehr einflussreichen Fachartikels. Der Artikel, den sie zusammen mit Dr. Joy Buolamwini, einer weiteren führenden Forscherin im Bereich der Ethik der künstlichen Intelligenz (KI), veröffentlichte, zeigt, dass die von großen Technologieunternehmen verwendete Gesichtserkennungssoftware schwerwiegende Verzerrungen aufweist und damit fehlerhaft ist, weil sie, vereinfacht gesagt, nicht alle Menschen gleich behandelt (Buolamwini und Gebru 2018). Die genutzten Algorithmen für maschinelles Lernen haben Menschen unterschiedlicher Ethnien oder Geschlechter unterschiedlich behandelt. So zeigte sich etwa, dass dunkelhäutige Frauen von der Gesichtserkennungssoftware am häufigsten falsch klassifiziert wurden. Bei dieser Gruppe lag die Fehlerquote, ob ein Gesicht richtig erkannt wurde oder eben nicht, bei 34,7 %, während sie bei hellhäutigen Männern bei maximal 0,8 % lag.

Vielleicht ahnen Sie bereits, warum wir diese Untersuchung erwähnen. Wenn selbstfahrende Autos in Gebieten mit einer bestimmten Bevölkerungsgruppe trainiert werden, ist es durchaus möglich, dass auch sie eine verzerrte „Wahrnehmung" haben, z. B. einige Menschen aufgrund ihrer Hautfarbe besser erkennen als andere. Wenn eine solche Verzerrung dazu führt, dass selbstfahrende Autos Menschen einer bestimmten Ethnie oder eines bestimmten Geschlechts stärker gefährden als Menschen einer anderen Ethnie oder eines anderen Geschlechts, wäre dies ein starker Grund, sie nicht für den allgemeinen Straßenverkehr zuzulassen. Eine aktuelle Studie zur automatischen Fußgängererkennung hat beispielsweise tatsächlich verzerrte Wahrnehmungen festgestellt. Insbesondere Kinder, aber auch Frauen werden mit geringerer Wahrscheinlichkeit erkannt (Li u. a. 2023). Natürlich ist dies ein großes moralisches und rechtliches Problem, und unsere Argumente basieren auf der Annahme, dass selbstfahrende Autos keine solchen neuen Probleme mit sich bringen. Daher gilt die Prämisse, dass keine substantiellen neuen Schäden entstehen dürfen.

6 Das erste Gesetz der Ethik für selbstfahrende Autos: Risiko vermindern

Leider werden auch selbstfahrende Autos das Risiko tödlicher Unfälle nicht auf null reduzieren. Für eine lange Zeit wird es auch Mischverkehr geben, bei dem sich selbstfahrende Autos die Straße mit Menschen, die Auto oder Fahrrad fahren oder zu Fuß gehen, teilen müssen. Mitunter unvorhersehbares menschliches Verhalten wird also auch im hochautomatisierten Verkehr ein Thema sein. Außerdem wird es technische Fehler geben. So könnten beispielsweise Sensoren ausfallen, und die Software könnte Fehler aufweisen. Sowohl die deutsche Ethik-Kommission Automatisiertes und Vernetztes Fahren als auch die Expertengruppe, die die Europäische Kommission berät, empfehlen, selbstfahrende Autos so zu programmieren, dass das von ihnen ausgehende Risiko reduziert wird. Sie sollen also, wann immer möglich, gefährliche Situationen vermeiden, indem sie langsamer fahren, ausweichen oder eine andere Route wählen. Da selbstfahrende Autos nicht nur automatisiert, sondern auch „vernetzt" sein werden, verfügen sie potenziell über Informationen über andere auf der Straße befindliche Fahrzeuge, sowohl in der Vergangenheit als auch in der Gegenwart. Das heißt, sie wissen, wo das Verkehrsaufkommen besonders hoch ist, wo sich in der Vergangenheit Unfälle ereignet haben (und warum) usw.

Die Verringerung des Risikos ist das vorherrschende moralische Prinzip bei der Regulierung selbstfahrender Autos. Zum Beispiel legt das deutsche Gesetz zum autonomen Fahren sehr umfassend Standards fest. Es wurde im Juli 2021 erlassen, um das Straßenverkehrsgesetz zu ändern (BGBl. I S. 3108). Es ist eines der ersten Gesetze weltweit, das selbstfahrende Autos auf Stufe 4 reguliert und so grundsätzlich deren Einsatz auf deutschen Straßen ermöglicht. Das Gesetz beinhaltet eine Reihe an Vorgaben, u. a. zur Erprobung selbstfahrender Autos und deren Verpflichtung „selbständig den an die Fahrzeugführung gerichteten Verkehrsvorschriften zu entsprechen". Es beinhaltet aber auch Vorgaben darüber, wie das „System der Unfallvermeidung" dieser Fahrzeuge auszugestalten ist. Es soll „auf Schadensvermeidung und Schadensreduzierung ausgelegt" sein.

Diese Forderung ist sehr verständlich und entspricht in gewisser Weise dem oben erwähnten Schadensprinzip Mills. Dennoch gibt es ein großes Problem. In Anbetracht der technischen Gefahren und der Probleme des Mischverkehrs wäre die einzige Möglichkeit, das Unfallrisiko auf null zu reduzieren, die völlige Einstellung des Autoverkehrs. Das wird nicht geschehen. Als Gesellschaft haben wir den Straßenverkehr bisher nicht verboten, obwohl er sehr viele Opfer fordert – im buchstäblichen wie im metaphorischen Sinn. Aller Voraussicht nach wird er uns auch in der Zukunft erhalten bleiben, obwohl er zu tödlichen Unfällen führt. Als Gesellschaft nehmen wir gewisse Risiken in Kauf, um die Vorteile sozialer Praktiken (wie den Autoverkehr) zu genießen.

7 Moralische Dilemmata und selbstfahrende Autos

Die Innovation der autonomen Fahrzeuge bietet uns die neue, erstaunliche und zugleich belastende Möglichkeit, im Voraus zu entscheiden, was in welchem Unfallszenario geschehen soll. Während bei Unfällen mit konventionellen Autos Menschen meist nur schnell und damit meist unreflektiert reagieren können, haben wir nun die Chance, den Ausgang solcher Unfälle überlegt, gut informiert und bewusst zu programmieren.

Diese neue Möglichkeit zwingt uns dazu, über die verschiedenen Arten von Unfallszenarien nachzudenken, denen selbstfahrende Autos ausgesetzt sein könnten. Einige davon sind vom moralischen Standpunkt aus betrachtet relativ einfach zu beurteilen. Wenn alle verfügbaren Optionen Schaden verursachen, sollte das Auto dorthin gelenkt werden, wo es den geringsten Schaden verursacht.

Wenn zum Beispiel ein leeres selbstfahrendes Auto (also eines ohne Passagiere) entweder einen Fußgänger überfahren (der dadurch getötet wird) oder gegen eine Wand fahren (wodurch das Auto beschädigt wird) kann, sollte es klarerweise gegen die Wand fahren. Und wenn es entweder einen Fußgänger überfahren oder in ein anderes leeres Auto krachen kann, sollte es in das Auto steuern. Auch Tiere sind in solchen Situationen dem Menschen unterzuordnen. Die Ethik-Kommission Automatisiertes und Vernetztes Fahren stellte daher fest: „Die Programmierung ist […] im Rahmen des technisch Machbaren so anzulegen, im Konflikt Tier- oder Sachschäden in Kauf zu nehmen, wenn dadurch Personenschäden vermeidbar sind" (Ethik-Kommission 2017, 11). Dies scheint zumindest in der ganz überwiegenden Zahl der Fälle richtig zu sein, in denen nicht einem ganz erheblichen Sach- oder Tierschaden ein vernachlässigbarer Personenschaden gegenübersteht.

Einige der möglichen Unfallszenarien sind jedoch schwerer zu beurteilen. Stellen Sie sich ein leeres, selbstfahrendes Auto vor, das entweder eine Fußgängerin überfahren (wodurch diese getötet würde) oder in ein mit einem Menschen besetztes Auto krachen kann (wodurch diese Person getötet würde). Es gibt keine einfachen Antworten auf moralische Dilemmata, bei denen alle verfügbaren Handlungsoptionen zu vergleichbaren Schäden führen und die jeweils relevanten moralischen Gründe konfligieren (Sinnott-Armstrong 2005; McConnell 2024).

Die Möglichkeit, im Voraus zu entscheiden, was in welchem Unfallszenario geschehen soll, bürdet uns daher auch die Entscheidung auf, wem wir schaden und wen wir retten wollen. Die Herausforderung besteht genau darin, über moralische Dilemmata im Voraus zu entscheiden. Schließlich ist es keine Option, nicht zu entscheiden. Selbstfahrende Autos müssen auf die eine oder andere

Weise programmiert werden. Sie werden unweigerlich einigen Menschen schaden und andere retten. Bei den oben genannten Unfallszenarien gibt es nur zwei Möglichkeiten: Das Auto kann nur bremsen und seinen aktuellen Kurs beibehalten oder ausweichen. Bei der ersten Möglichkeit würde eine Person getötet werden. Die zweite Option würde dazu führen, dass das Auto selbst beschädigt wird, ein anderes Auto beschädigt wird oder ein Insasse des anderen Autos getötet wird. Wir können nur entscheiden, ob es auf seinem Kurs bleiben oder ausweichen soll.

Man könnte meinen, dass man sich nicht zwischen den beiden Optionen entscheiden muss. Schließlich könnte das Auto so programmiert werden, dass es in solchen Dilemma-Situationen „nichts tut". Nichtstun könnte so verstanden werden, dass die Fahrerin metaphorisch gesprochen die Hände vom Lenkrad nimmt. Was passiert aber, wenn sie das tut? Das Auto fährt wahrscheinlich entsprechend der aktuellen Position des Lenkrads weiter. Das kann geradeaus sein, muss es aber nicht. Das bedeutet oft, dass das Auto auf seiner Fahrspur bleibt, aber das muss es nicht; wenn das Auto gerade aus einer Kurve kommt, wird es bald die geradeaus führende Spur verlassen. Unabhängig davon, wie das „Nichtstun" verstanden wird, ersetzen die Versuche, sich vor einer Entscheidung zu drücken, eine direkte Antwort auf die moralische Frage durch eine indirekte. Indirekte Antworten wie „Hände weg vom Steuer", „immer in der Spur bleiben" oder „nach dem Zufallsprinzip entscheiden" beruhen auf abstrakten Regeln, die suggerieren, dass alles, was passiert, dem Schicksal zu verdanken ist. Was auch immer passiert, ist Pech für das Opfer und Glück für diejenigen, die davonkommen werden. Das mag verlockend klingen, aber es ist nur eine scheinbare Lösung für das moralische Problem. Unabhängig davon, wie abstrakt und indirekt die Regel ist, wenn sie in Programme für selbstfahrende Autos aufgenommen wird, bestimmt sie, wem sie schadet und wem nicht. Nämlich ein Menschenleben hier und ein Menschenleben dort.

Manchmal wird argumentiert, dass eine Diskussion über die Dilemmata im Zusammenhang mit selbstfahrenden Autos nicht hilfreich ist und dass wir uns stattdessen darauf konzentrieren sollten, solche Dilemmata zu vermeiden (European Commission Expert Group 2020, 17). Dem stimmen wir teilweise zu. Selbstfahrende Autos so zu konzipieren, dass sie weniger Unfälle verursachen und seltener in dilemmatische Unfallszenarien verwickelt sind, ist natürlich eine wichtige Aufgabe. Daher lautet das erste „Gesetz" für hochautomatisierte Fahrzeuge, den Schaden zu verringern. Das bedeutet jedoch nicht, dass sie nie mit solchen Dilemma-Situationen konfrontiert werden oder dass es egal ist, wie sie für solche Situationen programmiert sind, wie selten sie auch auftreten mögen. Denken Sie nur an die oben erwähnten Unfälle mit den ersten Automobilen. Selbst bei einer Geschwindigkeit von 4 bis 8 km/h kann es zu tödlichen Unfällen kommen. Wenngleich selbstfahrende Autos nicht zum Rasen programmiert werden, werden sie deutlich schneller als 4 km/h fahren. Wenn wir also vollkommen sichere selbstfahrende Autos haben wollen, dürfen wir niemanden in ihre Nähe lassen. Wir sollten akzeptieren, dass selbstfahrende Autos bei allen Vorteilen auch gewisse Risiken mit sich bringen werden. Diese Risiken werden durchaus beachtlich sein, wenn man bedenkt, dass allein die in Deutschland zugelassenen Fahrzeuge pro Jahr über 700 Mrd. km zurücklegen (Kraftfahrt-Bundesamt 2023). Diese Zahl wird sich nicht maßgeblich verringern. In der Menge werden also immer noch ‚genug' Unfälle passieren, so dass es notwendig ist, über Dilemmata nachzudenken. Die Frage ist also, wie selbstfahrende Autos programmiert werden sollen, wenn alle verfügbaren Optionen vergleichbare Schäden verursachen.

8 Alte Probleme, neue Herausforderungen

Die Frage, wie mit Dilemmata im Straßenverkehr umzugehen ist, ist keine neue. Das Durchdenken imaginärer Fälle ist schließlich das tägliche Brot von Juristinnen und Philosophinnen. Bereits 1915 stellte der Jurist Josef Kohler unter dem Titel „Autolenker-Fall" folgendes hypothetische Szenario vor:

> Man denke, dass ein Auto auf eine kurze Strecke nicht mehr zum Stehen gebracht werden kann, dass es aber immerhin noch möglich ist, es so zu lenken, dass es, statt geradeaus, rechts oder links fährt. Wenn nun geradeaus, rechts und links Menschen sich befinden, die nicht mehr ausweichen können, so ist der Autoführer nicht in der Lage, die Tötung von Menschen zu vermeiden, wohl aber kann er durch Bewegung des Steuers den Tod nach der einen oder anderen Seite hin lenken. Kann man ihn hier dafür bestrafen, weil er den Tod des A. verursacht hat, während, wenn das Auto in gerader Linie ohne Steuerbewegung weiter gefahren wäre, B. oder C. umgekommen wäre? (Kohler 1915, 431–32)

Was würden Sie sagen? Ist der Fahrer schuldig, weil er das Auto in Richtung *A* gelenkt (um *B* und *C* zu retten) und *A* dabei getötet hat? Das Auto hätte sowieso jemanden getötet, egal was der Fahrer getan hätte. Macht es also einen Unterschied, wer sterben muss? Philosophie und Rechtswissenschaft haben eine lange Geschichte des Nachdenkens über solche Fälle. Ein noch viel weiter zurückgehendes Beispiel ist der „Carneades-Fall", der auf Carneades von Kyrene zurückgeht (2. Jh. v. Chr.): Zwei schiffbrüchige Seeleute sehen eine Planke, die aber nur einen Menschen tragen kann. Ein Seemann erreicht die Planke; als der andere etwas später ebenfalls die Planke erreicht, sind beide völlig erschöpft. Der zweite Seemann stößt den ersten von der Planke, so dass dieser ertrinkt. Ist der überlebende Seemann schuld am Tod des anderen oder hat er lediglich in Notwehr gehandelt? Wäre sein Verhalten verboten, würde das Gesetz ihm quasi auferlegen, sich selbst zu opfern. Da dies zu viel verlangt ist, gilt ein solches Verhalten im (heutigen) deutschen Recht als entschuldigt, d. h. es ist zwar rechtswidrig, wird aber nicht bestraft (Dreier 2007). Das Gesetz erkennt also die Situation als das an, was sie ist, nämlich als ein Dilemma. Schließlich ist es fast unmöglich, nicht moralisch falsch zu handeln.

Während das Nachdenken über solche Fälle lange Zeit eine eher theoretische Übung war, änderte sich das vor allem mit dem Anbruch des Zeitalters des Automobils. Kohler wollte als Strafrechtler erörtern, ob die vom Autofahrer gewählte Handlung strafbar ist oder ob das Notrecht die Bestrafung eines Menschen, der keine andere Wahl hat, als jemanden zu töten, verhindert.

Das aktuelle deutsche Strafgesetzbuch kennt zwei Varianten des Notstands, § 34 (rechtfertigender Notstand) und § 35 (entschuldigender Notstand). In Situationen, in denen zwei Leben in Gefahr sind, aber keine der gefährdeten Personen einen rechtswidrigen Angriff verübt, der das Leben der anderen Person gefährdet, ist die Opferung von Menschenleben nicht zu rechtfertigen. Eine Handlung, die zur Rettung der einen und zur Tötung der anderen Person führt, könnte jedoch – jedenfalls nach Auffassung einiger progressiver Juristen – aus der Not heraus rechtfertig- oder zumindest entschuldbar sein (Hilgendorf 2018). Es ist jedoch zu beachten, dass sich dieses Urteil ändert, wenn die potenziellen Opfer dem Täter bekannt sind, etwa wenn er seine böse Schwiegermutter erkennt. Wenn er dann das Auto so steuert, dass er sie absichtlich überfährt, ist seine Handlung nicht mehr entschuldbar, selbst dann nicht, wenn er dies auch tat, um die Tötung anderer Menschen zu verhindern.

Die rechtliche Frage, wie mit Dilemmata im Straßenverkehr umzugehen ist, ist zwar alt, ändert sich aber, wenn sie im Zusammenhang mit selbstfahrenden Autos gestellt wird. Solange Menschen Auto fahren, müssen dilemmatische Unfallszenarien sozusagen als Schicksal hingenommen werden (abgesehen vom seltenen Fall, dass man die Schwiegermutter im Straßenverkehr erkennt), weil unreflektierte menschliche Handlungen das Unfallgeschehen bestimmen (Goodall 2014; Feldle 2018). Das ist letztlich auch der Grund, warum Fahrerinnen strafrechtlich oftmals nicht belangt werden. Spontane Reaktionen in Bruchteilen einer Sekunde sind nicht mit bewusst gefällten, reflektierten Entscheidungen zu vergleichen. Sobald wir allerdings die Möglichkeit haben, darüber nachzudenken, wer überleben darf und wer nicht, sind wir für diese Entscheidung verantwortlich.

Die hier beschriebenen Dilemma-Situationen existieren nicht nur in unserer lebhaften Phantasie. Um dies zu untermauern, müssen wir einen Moment über Fußball sprechen. Im Vorfeld der Europameisterschaft in Deutschland 2024 wurde im Fernsehen eine Dokumentation über den großen Triumph der deutschen Mannschaft bei der WM 2014 in Brasilien gezeigt (Roschitz und Heidrich 2024). Einer der damaligen Spieler, Benedikt Höwedes, erzählt von seinen Erinnerungen an die wichtigsten Spiele, welch immensem Erfolgsdruck er und die anderen Spieler ausgesetzt waren etc. Er spricht auch über das Trainingslager, das die Mannschaft vor dem Turnier 2014 in den Tiroler Alpen abhielt. Während dieses Trainingslagers wurde ein Werbefilm für einen Sponsor der deutschen Mannschaft gedreht. Da der Sponsor Mercedes war, ging es um Autos – schnelle Autos.

Mit knapp 100 km/h rasten Formel-1-Pilot Nico Rosberg und DTM-Fahrer Pascal Wehrlein in zwei 600 PS starken Mercedes-Rennwagen eine kurvenreiche, abgesperrte Bergstraße hinauf. Fußballstar Julian Draxler saß mit Rosberg im vorderen Auto und Höwedes mit Wehrlein im Auto dahinter. Nur sechs Meter trennten die beiden Rennwagen. Auf der einen Seite der Bergstraße befand sich ein Abhang, auf der anderen Seite eine Absperrung, um zu verhindern, dass Zuschauerinnen auf die Straße gelangen. Plötzlich sah Rosberg zwei Personen, die vor der Absperrung standen und winkten. Er verstand das Winken so, dass sie ihn warnen wollten. Vielleicht befand sich ein gefährliches Hindernis auf der Strecke. Er machte sofort eine Vollbremsung. Der Fahrer des zweiten Autos, Wehrlein, wusste nicht, was los war, als Rosberg plötzlich bremste. Er musste sofort reagieren. Da der Abstand zwischen den Autos so gering war, konnte er nicht mehr rechtzeitig zum Stehen kommen. Es gab also nur drei Möglichkeiten. Er konnte das Auto den Abhang hinunter steuern, auf Rosbergs Auto auffahren oder in die Absperrung fahren. Wäre er den Abhang hinuntergefahren, wären er und sein Beifahrer wahrscheinlich ums Leben gekommen. Ein Aufprall auf das vordere Auto hätte möglicherweise auch die beiden Insassen getötet oder zumindest schwer verletzt (und die Insassen des ersten Autos geschädigt). Offensichtlich wusste Wehrlein nicht, wohin die dritte Option führen würde. Er hat sich jedoch tatsächlich für diese entschieden. Das Auto traf die beiden Personen vor der Absperrung und verletzte sie schwer. Die Tatsache, dass niemand getötet wurde, kann als glücklicher Zufall bezeichnet werden.

Trotz dieses traumatischen Erlebnisses fuhren Höwedes und Draxler nach Brasilien und spielten ein herausragendes Turnier. Der Deutsche Fußball-Bund hat damals nicht ausführlich über den Unfall berichtet (ebenso wenig wie Mercedes). Erst jetzt, zehn Jahre später, haben sich die Beteiligten entschlossen, mehr Details über dieses tragische Ereignis zu veröffentlichen. Eines der Opfer ist noch heute pflegebedürftig; Mercedes hat offenbar eine Entschädigung gezahlt. Übrigens war das Winken nicht als Warnung gedacht. Die Person wollte nur die vorbeirasenden Promis anfeuern.

Dieses Beispiel zeigt, was mit Autos alles schief gehen kann und dass es tatsächlich zu tragischen Dilemma-Situationen kommt. Wehrlein wusste nicht, was passieren würde, wenn er in die Absperrung lenkt. Aber ein selbstfahrendes Auto hätte es wissen können. Wo hätte es hinfahren sollen?

Die fortschreitende Entwicklung selbstfahrender Autos ist daher ein Geschenk und eine Last zugleich. Solche Fahrzeuge geben uns die Chance, viele Leben zu retten. Sie zwingen uns aber auch dazu, zu entscheiden, wer in Dilemma-Situationen sterben muss, um andere zu retten. Dies ist eine Frage, die eine breite öffentliche Debatte erfordert.

9 Wer sollte entscheiden?

Christoph von Hugo, der Leiter der Abteilung für Fahrassistenzsysteme und aktive Sicherheit bei Mercedes-Benz, sagte 2016 in einem Interview auf einer Pariser Automobilmesse, dass das Unternehmen seine Fahrzeuge der Stufen 4 und 5 so programmieren wird, dass sie der Sicherheit ihrer Besitzerinnen Vorrang vor der Sicherheit von Fußgängerinnen einräumen (derzeit bietet Mercedes-Benz den Drive Pilot-System der Stufe 3 nur im Luxussegment an). Dieses Denken ist gefährlich, da es gewichtige Entscheidungen über Leben und Tod im Straßenverkehr mit einem

Preisschild versieht. Wer nicht bereit oder in der Lage ist, mehr als 100.000 € für einen Mercedes auszugeben, lebt gefährlich. Vor allem Fußgängerinnen und Radfahrer könnten dabei den Kürzeren ziehen, da die Autohersteller wahrscheinlich eher dazu motiviert sind, Autos zu programmieren, die ihre Kunden bevorzugen. Die Frage, wie über moralische Dilemmata im Zusammenhang mit selbstfahrenden Autos zu entscheiden ist, sollte daher vom Gesetzgeber beantwortet werden. Der Staat hat sogar die gesetzliche Pflicht, dafür zu sorgen, dass tödliche Risiken vermindert werden (vgl. Artikel 2 der EMRK). Es darf nicht den Autoherstellern überlassen werden, ob und wie sie ihre Fahrzeuge für moralische Dilemma-Situationen programmieren; sie dürfen keine Entscheidungen über Leben und Tod treffen.

Wie Mercedes-Benz sind die meisten Automobilhersteller an Sicherheitsfragen interessiert und befassen sich auch mit Extremsituationen. Doch die meisten scheinen Dilemma-Situationen nicht in ihre Überlegungen miteinzubeziehen – jedenfalls nicht in einer Art und Weise, die eine möglichst gerechte Verteilung von Risiken auf alle Verkehrsteilnehmenden vorsieht. Wer kann es ihnen verdenken? Es liegt in der Natur eines Dilemmas, dass jeder Ausgang schlecht ist. Solche negativen Folgen sind schwer zu akzeptieren und tragen wahrscheinlich nicht dazu bei, Autos zu verkaufen. Wenn die Hersteller nicht gesetzlich gezwungen werden, sich mit diesem Problem zu befassen, werden sie es daher wahrscheinlich vermeiden. In den USA haben bislang die einzelnen Bundesstaaten die Hauptrolle bei der Regulierung selbstfahrender Autos übernommen. Kein einziger Bundesstaat regelt jedoch moralische Dilemmata. Ebenso weisen weder das deutsche Gesetz zum autonomen Fahren von 2021 noch die EU-Regulierung von 2022 eine ausreichende Regelung von moralischen Dilemmata auf. Das sollten sie aber tun, denn sonst werden wichtige Entscheidungen über Leben und Tod von den Autoherstellern und ihren Interessen bestimmt und nicht vom Gesetzgeber getroffen (Sütfeld u. a. 2025).

Warum also nicht jeden einzeln entscheiden lassen, wie er oder sie das eigene selbstfahrende Auto für Dilemma-Situationen programmiert? Die Antwort ist recht einfach. Während die Menschen im Allgemeinen selbstfahrende Autos bevorzugen, die das „öffentliche Wohl" begünstigen, die also so programmiert sind, dass sie so viele Menschen wie möglich retten, würden sie lieber kein Fahrzeug kaufen, das so programmiert ist, dass es seine Fahrgäste für das Allgemeinwohl opfert (Bonnefon u. a. 2016). Das könnte sie davon abhalten, selbstfahrende Autos zu kaufen und zu benutzen. Infolgedessen könnten sich selbstfahrende Autos zu Ladenhütern entwickeln, und das Versprechen, durch die Verbesserung der Sicherheit mehr Menschenleben zu retten, würde zunichte gemacht. Diesem „sozialen Dilemma" kann jedoch durch eine gesetzliche Regelung vorgebeugt werden, wenn für die Programmierung eine ausgewogene Verteilung der negativen Lasten vorgeschrieben wird. Die Vorteile hochautomatisierter Fahrzeuge würden die Nachteile bezogen auf einen bestimmten Unfall wohl überwiegen. Würde man den Menschen erlauben, ihre Autos selbst zu programmieren, würden wahrscheinlich auch die Koordinationsvorteile dieser Autos verschwinden: Die Fähigkeit, das Verhalten miteinander vernetzter Fahrzeuge zu koordinieren, ist ein wesentlicher Faktor für ihre überlegene Sicherheit.

Darüber hinaus argumentieren die Philosophen Jan Gogoll und Julian F. Müller, dass verbindliche Ethikeinstellungen im besten Interesse der Gesellschaft und damit aller Individuen sind, da die Zulassung individueller Ethikeinstellungen zu einem Gefangenendilemma führen würde. In ihren Worten: „Ich möchte moralisch sein, aber ich möchte nicht als Idiot dastehen" (Gogoll und Müller 2017). Sie argumentieren, dass die Zulassung individueller Ethikeinstellungen zu einem ungünstigen Ergebnis führen würde, da niemand der nette Kerl sein möchte, der altruistische Einstellungen vornimmt, um andere auf eigene Kosten zu retten; jedenfalls dann nicht, wenn die allgemeine Erwartung ist, dass die anderen nicht ebenso nett sind (allerdings scheinen Studien durchaus altruistische Präferenzen in Menschen zu zeigen, jedenfalls dann, wenn das eigene Leben geopfert werden muss, um mehrere Menschen zu retten Bergmann u. a. 2018, Abschn. 3.2).

Der Philosoph Sven Nyholm schlägt vor, allgemeine Grenzen festzulegen, innerhalb derer es den Menschen gestattet sein sollte, mehr oder weniger altruistisch zu sein (Nyholm 2018). Dieser Vorschlag könnte akzeptabel sein, aber nur insoweit, als moralische Dilemmata durch das Gesetz abgedeckt sind. Schließlich werden es selbstfahrende Autos schwer haben, von der Öffentlichkeit akzeptiert zu werden, wenn niemand weiß, ob die Besitzerinnen ihre Autos so programmiert haben, dass sie sie opfern, um Schäden an ihrem teuren Mercedes zu vermeiden. Es könnte dem Einzelnen jedoch erlaubt sein, sich selbst zu opfern; nicht hingegen, andere für die eigene Sicherheit stark zu benachteiligen, etwa indem man deren sicheren Tod in Kauf nimmt, um eine bloß leichte eigene Verletzung zu verhindern.

3

Wie moralische Dilemmata im Zusammenhang mit selbstfahrenden Autos reguliert werden können

1 Die Grundlagen: Schaden mindern! Vorrang für Menschenleben!

Es ist zu erwarten, dass selbstfahrende Autos in Unfälle verwickelt sein werden. Ein kleiner Teil davon werden Dilemma-Situationen sein, bei denen der Tod von Menschen – seien es Mitfahrerinnen im Auto, Radfahrer oder Fußgängerinnen – unvermeidbar ist. Deutschland hat seit 12. Juli 2021 das weltweit erste Gesetz, das die Programmierung von selbstfahrenden Autos umfassend regelt. Und dieses regelt grundsätzlich auch Dilemma-Situationen.

Das deutsche Gesetz zum autonomen Fahren, mit dem das Straßenverkehrsgesetz geändert wurde, besagt, dass selbstfahrende Autos über ein Unfallvermeidungssystem verfügen müssen, das

a) auf Schadensvermeidung und Schadensreduzierung ausgelegt ist,
b) bei einer unvermeidbaren alternativen Schädigung unterschiedlicher Rechtsgüter die Bedeutung der Rechtsgüter berücksichtigt, wobei der Schutz menschlichen Lebens die höchste Priorität besitzt, und
c) für den Fall einer unvermeidbaren alternativen Gefährdung von Menschenleben keine weitere Gewichtung anhand persönlicher Merkmale vorsieht. (§ 1e Abs. 2 Nr. 2 Gesetz zum autonomen Fahren)

Dieses Gesetz stützt sich weitgehend auf einen Bericht der bereits erwähnten Ethik-Kommission Automatisiertes und Vernetztes Fahren. Diese Kommission hat 20 recht präzise Regeln formuliert, die das Parlament bei der Ausarbeitung des Gesetzes zum autonomen Fahren unterstützen sollte. Regel Nr. 2 besagt zum Beispiel, dass Autos so programmiert werden sollen, dass Unfälle möglichst vermieden werden. Regel Nr. 7 verlangt eine Programmierung, die dem menschlichen Leben strikten Vorrang vor dem Leben von Tieren und vor materiellen Schäden einräumt. Wenn also ein Auto statt eines Menschen einen Hund überfahren oder gegen eine Mauer steuern kann, sollte es dies tun, egal wie groß der materielle Schaden ist. Diese beiden Regeln wurden direkt in das Gesetz übernommen. Das ist auch nicht verwunderlich. Auch der Jurist Josef Kohler, den wir in Kap. 2 kennengelernt haben, hielt diese Regeln bereits 1915 für klar. Er schrieb, „[d]ie kausale Bewegung, welche in der Not auf den einen oder anderen Menschen hinzielt, kann den Autoführer nicht verantwortlich machen; während es natürlich anders wäre, wenn der Lenker des Gefährtes in eine Schafherde hätte hineinfahren und damit Menschenleben erretten können" (Kohler 1915, 432).

2 Persönliche Merkmale spielen keine Rolle! Oder doch?

Für Dilemma-Situationen, in denen alle Optionen unweigerlich zum Verlust von Menschenleben führen, empfiehlt die Ethik-Kommission, jede Art von Qualifizierung nach persönlichen Merkmalen wie Alter, Geschlecht, körperlicher oder geistiger Verfassung zu verbieten. Das heißt, die Autos dürfen nicht so programmiert werden, dass sie Kinder anstelle von Alten, Frauen anstelle von Männern oder Gesunde anstelle von Kranken retten (Regel Nr. 9). Diese Empfehlung, die sich auch im deutschen Gesetz zum autonomen Fahren niederschlägt, beinhaltet wohl auch ein Verbot der Bevorzugung von Angehörigen bestimmter Ethnien oder Glaubensrichtungen, auch wenn dies nicht explizit gesagt wird.

Diese drei Punkte – Schadensminimierung, Priorisierung von Menschenleben und das Verbot, Menschen nach persönlichen Merkmalen zu qualifizieren – scheinen der ethische Kern zu sein, der nicht zur Disposition steht. Dieser Kern sollte nicht der Entscheidung von Einzelpersonen oder Unternehmen überlassen werden. Egal, wie viel Sie für Ihren Mercedes bezahlen, Sie haben damit nicht das Recht, Ihr Auto so zu programmieren, dass es ein bestimmtes Geschlecht, eine bestimmte Hautfarbe oder eine bestimmte Altersgruppe bevorzugt.

Es ist nun an der Zeit, zwei fiktive Charaktere einzuführen. Der eine ist die sehr systematisch denkende und prinzipienorientierte Philosophin Principia. Sie ist der Meinung, dass für die Regeln der Ethik-Kommission Automatisiertes und Vernetztes Fahren, die der deutsche Gesetzgeber übernommen hat, gute Gründe sprechen. Der andere ist der geistreiche Philosoph Skeptico. Principia und Skeptico vertreten unterschiedliche philosophische

Standpunkte und Denkweisen. Sie werden uns durch die Untiefen der Debatte um moralische Dilemmata führen.

Auch Skeptico hat das Werk von Kohler gelesen. Er erinnert sich, dass er die Frage aufgeworfen hat, ob es akzeptabel sei, die Menschen nach ihrer Wichtigkeit zu ordnen:

> Man könnte vielleicht eine Werteskala in der Art versuchen, dass man Personen und Menschenklassen je nach ihrer Bedeutung für die Weltkultur in verschiedene Kategorien teilte. Derartiges hatten frühere Rechte versucht: man denke an das indische Kastenwesen […]. (Kohler 1915, 432)

Principia beeilt sich klarzustellen, dass Kohler in der Tat über eine solche Idee spekuliert hat, aber klug genug war, sie schnell zu verwerfen, als er seinen Gedanken mit der folgenden Feststellung abschloss:

> [A]llein es geht bei uns nicht mehr an: wir können im Persönlichkeitsschutz keine Ausnahme machen und auch nicht eine Person niederen Standes geringer behandeln als eine höher stehende, ja auch kaum eine Person niederer Rasse als einen Kulturmenschen. (Kohler 1915, 432)

Man könnte meinen, fügt Principia hinzu, dass der moralische Fortschritt der letzten hundert Jahre dafür gesorgt hätte, dass solche Dinge heute vom Tisch sind.

Aber Skeptico mahnt zur Vorsicht. Er ist auch in den Sozialwissenschaften auf dem neuesten Stand. Etwas mehr als hundert Jahre später, im Jahr 2016, wagte es eine Forschergruppe, Fragen zu stellen, die Kohlers Überlegungen recht ähnlich sind. Und diese Fragen waren nicht bloß rhetorischer Natur, sondern Teil eines groß angelegten

Experiments, das sogenannte *Moral Machine Experiment* (Awad u. a. 2018). Dieses Experiment zielte darauf ab, für moralische Dilemmata mit selbstfahrenden Autos konkrete Antworten zu finden. Insgesamt haben unfassbare 2,3 Mio. Menschen in 233 Ländern oder Regionen an dem Experiment teilgenommen. Mit dem so gewonnenen riesigen Datensatz konnten die Forscher eine Reihe interessanter Erkenntnisse gewinnen. Sie fanden heraus, dass die Menschen rund um den Globus – mit einigen geringfügigen regionalen Unterschieden – überraschenderweise eine starke Präferenz zu haben scheinen, eher jüngere als ältere Menschen zu retten; eine etwas schwächere, aber immer noch ausgeprägte Tendenz, Menschen mit einem höheren sozialen Status zu retten (z. B. einen Arzt im Gegensatz zu einem Kriminellen oder einen Geschäftsmann gegenüber einem Obdachlosen); und eine Präferenz, eher Frauen als Männer zu retten.

Anders als Kohler haben die Forscher hinter dem *Moral Machine Experiment* nicht nahegelegt, Menschen in kastenähnliche Gruppen einzuteilen, die eine bestimmte Religion oder Ethnie umfassen, um sie in eine Rangfolge zu bringen. Dennoch haben sie den sozialen Status, das Alter und das Geschlecht als potenziell entscheidende Merkmale herangezogen, was dazu führen könnte, dass bestimmte Personen bei Unfällen mit selbstfahrenden Autos besser behandelt werden als andere, betont Skeptico.

Diese Ergebnisse, die in der Zeitschrift *Nature,* der vielleicht wichtigsten und renommiertesten wissenschaftlichen Zeitschrift überhaupt, veröffentlicht wurden, haben eine hitzige Debatte ausgelöst. Sehen wir uns die Ergebnisse also genauer an. Wir werden nacheinander auf die Kategorien sozialer Status, Alter und Geschlecht eingehen.

3 Ist es richtig, Ärzten Vorrang vor Kriminellen zu geben?

Auch Principia hat ihre Hausaufgaben gemacht und die etwas abenteuerliche Geschichte gelesen, wie die Forscher auf die Idee zum *Moral Machine Experiment* kamen. Diese Geschichte wurde von einem der Architekten des Experiments, dem französischen Psychologen Jean-François Bonnefon, ein paar Jahre nach der Veröffentlichung des Artikels aufgeschrieben. Principia war erleichtert, in Bonnefons Buch zu lesen, dass die Kategorie des sozialen Status dazu gedacht war, die „Grenzen eines Versuchs wie der *Moral Machine* zur Informierung der öffentlichen Politik" aufzuzeigen. Für die Forscher sind „die Präferenzen der Bürgerinnen und Bürger aus ethischer Sicht nicht immer akzeptabel, und der Zweck der *Moral Machine* ist daher nicht, Ethik-Kommissionen zu ersetzen" (Bonnefon 2021, 115; eigene Übers.). Sie hielten es also für selbstverständlich, dass zumindest der soziale Status bei der Programmierung selbstfahrender Autos keine Grundlage für eine Bevorzugung oder Benachteiligung von Menschen sein sollte. Sie haben sozialen Status als Kategorie in ihr Experiment einbezogen, um die Grenzen ihres eigenen Ansatzes aufzuzeigen, sagt Principia.

Aber selbst, wenn wir Bonnefon das abnehmen und der Gruppe eine gewisse Naivität zugestehen, haben sie damit eine interessante Debatte angeregt, antwortet Skeptico. Wenn es eine statistisch signifikante Präferenz für die bevorzugte Rettung von Ärzten gegenüber Kriminellen gibt, müssen wir vielleicht das Standardnarrativ der Gleichheit überdenken, das besagt, dass wir alle Menschen gleich behandeln sollten, unabhängig von ihrem sozialen Status. Man könnte die im *Moral Machine Experiment* gefundene Präferenz hinsichtlich des sozialen Status durchaus als Argument dafür heranziehen, dass es sich dabei eher um individualistische als um gruppenbezogene Diskriminierungen handelt. Schließlich werden Menschen zwar in eine bestimmte soziale Klasse (beispielsweise eine Kaste) hineingeboren, aber nicht als Arzt oder Geschäftsmann oder als Krimineller oder Obdachloser.

Werfen wir einen genaueren Blick auf das *Moral Machine Experiment*. Wie Sie sehen werden, wenn Sie die Seite *moralmachine.mit.edu* besuchen (ja, die Website ist immer noch aktiv: gehen Sie hin und schauen Sie selbst), handelt es ich um ein Online-Tool, das wie ein altmodisches Computerspiel aussieht. Wenn Sie an dem Experiment teilnehmen, werden Sie mit einer Reihe von Dilemma-Situationen konfrontiert, eine nach der anderen. Jede Situation wird mittels eines einfachen statischen Bildes dargestellt. Dieses Bild zeigt ein außer Kontrolle geratenes Auto und kleine Figuren, die Gefahr laufen, von dem Auto überfahren zu werden (s. Abb. 1). Pfeile zeigen an, dass das Auto entweder geradeaus weiterfahren oder ausweichen kann. Was sich von Szenario zu Szenario ändert, ist, welche Figur getötet wird, wenn das Auto geradeaus fährt oder wenn es ausweicht. Die Figuren sehen unterschiedlich aus. Wie auf Abb. 1 zu sehen ist, tragen zum Beispiel einige der Figuren eine rote Tasche mit einem weißen Kreuz (was bedeutet, dass es sich um einen Arzt handelt), während andere eine Tasche mit einem Dollar-Zeichen (was bedeutet, dass es sich um einen Kriminellen handelt) oder einen löchrigen Mantel tragen (was bedeutet, dass es sich um einen Obdachlosen handelt). Man kann auch auf eine Bildbeschreibung klicken, die dann schriftlich erläutert, dass die eine Person ein Arzt, die andere ein Krimineller oder ein Obdachloser ist.

Als Teilnehmerin am *Moral Machine Experiment* ist es Ihre Aufgabe, in den verschiedenen Dilemma-Situationen eine Entscheidung zu treffen. Sie müssen entscheiden, ob das Auto entweder auf dem jeweils aktuellen Kurs bleiben

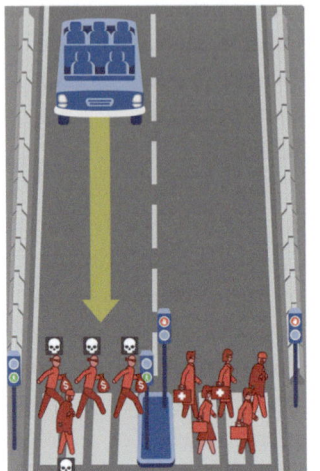 

Abb. 1 Ärzte vs. Verbrecher vs. Obdachlose. (© Moral Machine Experiment)

und beispielsweise den Arzt töten soll oder ob es nach links ausweichen und so den Kriminellen töten soll. Es ist wichtig zu verstehen, erklärt Skeptico, dass die Teilnehmerinnen immer entscheiden, was das Auto in bestimmten Dilemma-Situationen tun soll, ob es lenken soll oder nicht, und wenn ja, wohin. Was es in der Studie hingegen nicht gibt, ist eine abstrakte Antwortoption wie diese: „Die Person mit dem niedrigeren sozialen Status soll geopfert werden". Die Studienteilnehmer antworten also nie in abstrakten Kategorien. Diese Tatsache lässt die Möglichkeit offen, dass sie etwas ‚Edleres' als den sozialen Status im Sinn gehabt haben, als sie Ärzte gegenüber Kriminellen bevorzugten, sagt Skeptico. So könnten sie beispielsweise der Meinung gewesen sein, dass die Gesellschaft insgesamt von Ärzten profitiert, weil diese Krankheiten heilen und Todesfälle verhindern, während Kriminelle der Gesellschaft eher schaden. Ebenso könnten sie der Ansicht gewesen sein, dass Führungskräfte in der Wirtschaft gut für die Gesellschaft sind, weil sie eher zu ihrem Wohlstand beitragen, während Obdachlose dies tendenziell nicht tun. Vielleicht, so vermutet Skeptico, haben die Teilnehmerinnen am *Moral Machine Experiment* die Figuren nicht nach einer Vorstellung von sozialem Status eingestuft, sondern *nur* den Nutzen (und nicht die Person) bewertet, den sie üblicherweise für die Gesellschaft bringen.

Principia entgegnet gelassen, dass dies zwar alles schön und gut sei, aber doch nur reine Fantasie. In der realen Welt, sagt sie, gehen Ärzte selten mit einer roten Tasche mit weißem Kreuz über die Straße. Und Kriminelle haben selten eine Tasche mit Dollar-Zeichen-Aufdruck dabei (und tragen dazu ein etwas mysteriöses Stirnband). Selbstfahrende Autos werden kaum in der Lage sein zu erkennen, wer Arzt und wer Krimineller ist.

Moment, sagt Skeptico, das ist nicht bloß Fantasie. Es ist nicht weit hergeholt anzunehmen, dass schon bald genügend Informationen für vernetzte selbstfahrende Autos zur Verfügung stehen werden. So gut wie jeder Mensch, dem man auf der Straße begegnet, trägt schon heute ein Gerät bei sich, das ständig mit dem Internet verbunden ist. Wo sind Ihr Smartphone oder Ihre Smartwatch in diesem Moment? Es ist leicht vorstellbar, dass solche Geräte allen selbstfahrenden Autos signalisieren, dass jemand beispielsweise Arzt ist. In ähnlicher Weise könnten diese Geräte genutzt werden, um anzuzeigen, wer ein verurteilter Krimineller ist – oder welche Information Sie auch immer für relevant halten. Bis zu einem gewissen Grad ist dies bereits gängige Praxis: Verurteilte Sexualstraftäter werden beispielsweise in den USA und im Vereinigten Königreich in öffentlichen Registern oder Datenbanken geführt. Smartphones und ähnliche Geräte könnten auch zum Schutz besonders gefährdeter Gruppen eingesetzt werden, etwa indem sie signalisieren, dass eine Person besondere

Eigenschaften oder Bedürfnisse hat, so dass selbstfahrende Autos automatisch langsamer fahren und ihr mehr Platz einräumen als anderen Menschen.

Principia beharrt jedoch darauf, dass die Umdeutung der Ergebnisse des *Moral Machine Experiments* in Bezug auf den sozialen Status, dass es eigentlich um den Nutzen für die Gesellschaft gehe, vielleicht eine kluge Idee ist, aber keine sehr ethische. Schließlich bedeutet diese Umdeutung im Ergebnis, dass Menschen unterschiedlich behandelt werden, je nachdem wie nützlich sie sind. Das ist ein klarer Verstoß gegen das Versprechen, dass alle Menschen gleich geboren werden, sagt sie verärgert. Der Wert eines Menschen hängt schließlich nicht davon ab, wie nützlich er ist. Menschen sind nicht wie Schuhe, die man wegwirft, wenn sie abgenutzt sind. Menschen haben einen inhärenten Wert, den man nicht ohne Grund Menschenwürde nennt und die in Deutschland sogar in Artikel 1 Abs. 1 des Grundgesetzes festgeschrieben ist: „Die Würde des Menschen ist unantastbar. Sie zu achten und zu schützen ist Verpflichtung aller staatlichen Gewalt."

Diese Idee der Menschenwürde scheint der Hauptgrund zu sein, warum die Forscher hinter dem *Moral Machine Experiment* und viele weitere Philosophinnen und Juristinnen der Meinung sind, dass der soziale Status oder der Wert eines Menschen für die Gesellschaft kein Grund für eine unterschiedliche Behandlung bei der Programmierung selbstfahrender Autos sein darf.

Aber Skeptico ist noch immer nicht überzeugt. Die Tatsache, dass eine Person in einer Hinsicht nützlicher für die Gesellschaft ist als andere, wurde in vielen Zusammenhängen wie selbstverständlich als Grund für eine Vorzugsbehandlung verwendet. Denken Sie beispielsweise an Triage-Situationen, die während der COVID-19-Pandemie in Notaufnahmen von Krankenhäusern weltweit zumindest möglich waren. Stellen Sie sich die folgende Situation vor:

Zwei Patientinnen kommen genau zur gleichen Zeit in der Notaufnahme an; beide brauchen ein Beatmungsgerät, um zu überleben, aber es ist nur ein Beatmungsgerät verfügbar. Wer soll es bekommen (und überleben) und wer soll es nicht bekommen (und sterben)?

Solange wir keine Informationen über die beiden Patientinnen haben, scheint es unmöglich, eine moralische Lösung für dieses Dilemma zu finden, meint Skeptico. Beide verdienen die Behandlung, aber sie ist nicht für beide verfügbar. Was aber, wenn eine der Patientinnen Ärztin ist, eine dringend benötigte Lungenexpertin sogar, und die andere eine Philosophin, die an einer Universität Ethik lehrt, oder, noch schlimmer, eine Anwältin? Dieser Unterschied scheint relevant zu sein, vielleicht sogar vom moralischen Standpunkt aus gesehen. Wenn die Ärztin geheilt wird, kann sie bei der Bekämpfung der Pandemie helfen und möglicherweise viele Leben retten; wenn die Philosophin geheilt wird, kann sie bestenfalls ein Buch über Triage-Situationen schreiben, und die Anwältin könnte sogar das Krankenhaus verklagen. Das bedeutet natürlich nicht, so beeilt sich Skeptico hinzuzufügen, dass Philosophinnen oder Anwältinnen keinen inhärenten Wert haben. Es bedeutet nur, dass es andere Eigenschaften geben könnte, die aus moralischer Sicht durchaus relevant sind.

4 Wie wir lernten, Menschen einzuteilen: Triage

Skeptico schlägt vor, einen Blick auf die Ursprünge dessen zu werfen, was wir heute als Triage kennen. Sie gehen auf das Jahr 1792 zurück, als Baron Dominique Jean Larrey, Oberarzt der kaiserlichen Garde Napoleons, mit der

Behandlung von Verletzten in der französischen Armee beauftragt wurde (Robertson-Steel 2006). Das französische Verb *trier* bedeutet „aussortieren" im Sinne von „nach Qualität sortieren" – „die guten ins Töpfchen, die schlechten ins Kröpfchen", wie es bei Aschenputtel heißt. Bei Baron Larray ging es darum, verwundete Soldaten schnell wieder in den aktiven Dienst zurückzuführen. Daher war die erwartete Leistung eines Soldaten auf dem Schlachtfeld das Kriterium, nach dem entschieden wurde, wer behandelt werden soll. Das klingt sehr nach einer Variante der Nutzen-für-die-Gesellschaft-Argumentation, meint Skeptico.

Schon, aber das ist nicht die ganze Geschichte, erwidert Principia. Baron Larrey hat auch andere Vorschläge gemacht. So schreibt er in seinen Memoiren über den Russlandfeldzug von 1812:

> Schwer Verwundete sollten zuerst versorgt werden, ohne Rücksicht auf Rang oder Auszeichnung. Leicht Verwundete können warten, bis ihre schwer verstümmelten Waffenbrüder operiert und versorgt wurden, da letztere sonst nicht viele Stunden überleben würden; selten bis zum nächsten Tag. (Zit. nach Iserson und Moskop 2007, 123; eigene Übers.)

Stimmt, räumt Skeptico ein. Aber auch das ist nicht die ganze Geschichte. Im Jahr 1846 schlug der britische Marinearzt John Wilson eine weitere Regel für die Einteilung von Soldaten vor. Es komme nicht nur auf die Schwere der Verletzung an, sondern auf die Schwere der Verletzung in Verbindung mit der Wahrscheinlichkeit der Genesung. Das bedeutet, dass Personen mit Verletzungen, die wahrscheinlich tödlich sind, nicht behandelt werden sollten (Iserson und Moskop 2007).

Im Ersten Weltkrieg kam eine weitere Idee auf, wie man darüber nachdenken kann, wer behandelt werden soll (und wer nicht). 1917 schrieb W.W. Keen:

> Ein Krankenhaus mit 300 oder 400 Betten kann mit 1000 oder mehr plötzlich eintretenden Fällen überlastet sein. Daher ist es oft praktisch unmöglich, alle schnell und sorgfältig zu behandeln. Ein einzelner Fall, selbst wenn er dringend einer Behandlung bedarf, muss möglicherweise warten, wenn diese viel Zeit in Anspruch nimmt, da in derselben Zeit ein Dutzend andere, fast ebenso dringende, aber weniger zeitaufwendige Fälle behandelt werden können. Das größte Wohl der größten Anzahl muss die Regel sein. (Iserson und Moskop 2007, 277; eigene Übers.)

In der COVID-19-Pandemie haben wir eine Variante derselben Idee gesehen. Zu Beginn des Jahres 2020 war Italien der erste westliche Staat, der von COVID-19 schwer getroffen wurde. In dieser Situation gab die Italienische Gesellschaft für Anästhesie, Analgesie, Wiederbelebung und Intensivpflege neue Leitlinien für die Intensivmediziner heraus, die nicht mehr in der Lage waren, alle Patientinnen, die ein Beatmungsgerät benötigten, zu versorgen. Die Empfehlung lautete, dass die knappen Ressourcen in erster Linie für diejenigen reserviert werden sollten, die eine höhere Überlebenswahrscheinlichkeit haben. Die zweite Priorität bestand darin, diejenigen zu behandeln, die noch mehr Lebensjahre erreichen können. Als allgemeines Ziel wurde ausgegeben, den Nutzen für die größte Anzahl von Menschen zu maximieren (Lübbe 2022; zur aktuellen Triage-Regelung in Deutschland vgl. Paulo 2024).

Dies erinnert Skeptico wieder an die jüngste Pandemie: Im Jahr 2021, als die ersten Impfstoffe gegen COVID-19 verfügbar, aber immer noch knapp waren, beschlossen die meisten Länder, sie nach der Gefährdung der Menschen *und* ihrer Bedeutung für die Gesellschaft zuzuteilen. Wer Ärztin oder Krankenschwester war, bekam eine Impfung, weil sie vulnerabel *und* wichtig war. Als Philosophin oder Anwältin, beide in diesem Notfall weder besonders vulnerabel noch wirklich wichtig, wurde man erst nachrangig geimpft. Mit anderen Worten: Wenn Sie nicht zu einer Gruppe gehörten, die besonders vulnerabel für das Virus war, hingen Ihre Chancen auf eine Impfung (und damit Ihre Überlebenschancen) neben Ihrem Alter auch davon ab, wie nützlich Sie für die Gesellschaft im Hinblick auf die Bekämpfung der Pandemie waren.

5 Frauen und Kinder zuerst?

Es sei daran erinnert, dass in den jüngsten italienischen Leitlinien für Intensivmediziner der Behandlung derjenigen, die noch mehr Lebensjahre erreichen können, große Bedeutung beigemessen wird. Dies, so Skeptico, spiegelt die stärkste Präferenz wider, die man mit dem *Moral Machine Experiment* unter mehr als 2 Mio. Befragten weltweit gefunden hat, nämlich für das Leben jüngerer Menschen gegenüber dem älterer Menschen. Wenn ein junger Mensch und ein alter Mensch genau die gleiche Krankheit haben, ist es der jüngere Mensch, der dadurch statistisch gesehen mehr Lebensjahre gewinnt, einfach weil er jünger ist.

Während die prinzipientreue Principia dies als eine weitere gruppenbezogene Diskriminierung und damit als Verletzung des Gleichbehandlungsgrundsatzes betrachtet, besteht Skeptico darauf, dass sich das Alter als Kategorie von anderen gruppenbezogenen Kategorisierungen unterscheidet (Černý 2022). Natürlich gehört jeder Mensch zu einer bestimmten Altersgruppe, genauso wie man einer bestimmten religiösen (oder nicht-religiösen) Gruppe angehört, eine bestimmte Hautfarbe und ein bestimmtes Geschlecht hat. Der Unterschied ist jedoch, dass wir alle jung auf die Welt kommen und, wenn wir Glück haben, Tag für Tag älter werden. Im Gegensatz dazu fangen wir normalerweise nicht mit einer bestimmten Religion, Hautfarbe oder einem bestimmten Geschlecht an *und* wechseln diese dann hin und wieder (obwohl einige das tun).

Außerdem profitierten die heute Alten von dem größeren Schutz der Jungen, als sie selbst jung waren. Diejenigen, die jetzt jung sind, profitieren vom gleichen Schutz, werden aber wie alle anderen weniger geschützt sein, wenn sie älter sind. Wenn sie den größten Teil ihres Lebens hinter sich haben, ist es nur fair, die Jungen zu bevorzugen, die noch so viel vor sich haben, meint Skeptico. Principia stellt schnell klar, dass selbstfahrende Autos noch nicht in nennenswerter Zahl auf den Straßen unterwegs sind. Dieses Argument kann daher in diesem Kontext, wenn überhaupt, erst in der Zukunft gelten, wenn die erste Generation, die als Kinder von selbstfahrenden Autos bevorzugt behandelt wurde, älter wird.

Stimmt, sagt Skeptico. Er erklärt aber auch, dass die Idee, in Notsituationen den Jungen Vorrang zu geben, nicht neu ist. Im Mai 1840 brach auf der *Poland,* einem amerikanischen Frachtschiff auf dem Weg von New York nach Le Havre, Frankreich, ein Feuer aus. Wie einer der Passagiere berichtete, wurde den Leuten klar, dass sie schnell in die Rettungsboote mussten. Er schreibt, dass ein französischer Passagier einen Vorschlag gemacht habe, der auf breite Zustimmung traf: „Lasst uns zuerst für die Frauen und Kinder sorgen" (Howland 1840, 341, eigene Übers.).

Dies ist die erste Erwähnung der Regel „Frauen und Kinder zuerst", die später bei vielen Notfällen auf See angewandt wurde, darunter auch beim dramatischen Untergang der *Titanic* im Jahr 1912.

Principia weist jedoch darauf hin, dass diese Regel, obwohl sie Teil des kulturellen Gedächtnisses ist, nie im Seerecht festgeschrieben war. Und die Regel ist vielleicht auch gar nicht so überzeugend, wie sie auf den ersten Blick aussieht. Es gibt gute Gründe, Kindern bei der Rettung Vorrang einzuräumen. Schließlich sind sie in dem Sinne unschuldig, dass sie sich in der Regel gar nicht selbst zu der Bootsfahrt entschlossen haben; sie haben noch die längste Zeit ihres Lebens vor sich; sie könnten sich in Notsituationen nicht (oder nicht so gut wie Erwachsene) selbst helfen usw. Aber was genau spricht dafür, Frauen Vorrang einzuräumen? Zumindest heute hätten sie in der Regel ein Mitspracherecht bei der Organisation der Reise, und sie sind nicht per se jünger als Männer. Gibt es also einen Grund, der keine reine Bevormundung ist oder der nicht auf Geschlechterstereotypen beruht? Glauben Sie, dass Kinder und Frauen bevorzugt behandelt werden sollten, weil sie sich nicht selbst helfen können, oder dass die Kinder ihre Mütter mehr brauchen als ihre Väter?

Wir haben die Diskussion über die moralische Relevanz persönlicher Merkmale mit den Ergebnissen des *Moral Machine Experiments* begonnen. Auf der Grundlage eines riesigen Datensatzes konnten die Forscher ermitteln, dass die Befragten weltweit lieber jüngere als ältere Menschen, lieber Menschen mit einem höheren sozialen Status (oder solche, die der Gesellschaft mehr nützen) und lieber Frauen als Männer retten. Diese Präferenzen stehen eindeutig nicht im Einklang mit dem deutschen Gesetz zum autonomen Fahren und auch nicht mit den Empfehlungen der Ethik-Kommission Automatisiertes und Vernetztes Fahren. Beide verbieten jede Art von Unterscheidung anhand persönlicher Merkmale. Skeptico findet es zutiefst beunruhigend, dass es eine solche Diskrepanz zwischen dem gibt, was die Menschen anscheinend denken, und dem, was das Gesetz sagt. Immerhin geht es um grundlegende moralische Fragen, die potenziell das tägliche Leben fast aller Menschen betreffen.

Erschrocken über die Ergebnisse des *Moral Machine Experiments* vertieft sich Principia in die durch das Experiment ausgelöste Debatte und stößt auf eine besonders interessante Reihe von Kritikpunkten am *Moral Machine Experiment.* Der Hauptkritikpunkt, so erklärt sie, ist ganz einfach: Vielleicht sind einige der Ergebnisse auf einen Fehler im Design der Studie zurückzuführen. Zur Erinnerung: Die Studienteilnehmerinnen werden mit Situationen konfrontiert, in denen es nur zwei Alternativen gibt: Entweder das Auto tötet Person A oder es tötet Person B. Auf der Grundlage spezifischer Informationen über A (ein Arzt!) und B (ein Krimineller!) müssen sie entscheiden, wer von dem Auto getötet werden soll.

Zwei Psychologen, Yochanan Bigman und Kurt Gray, kamen auf den einfachen, aber brillanten Gedanken, dass bei diesem Entweder-Oder-Design eine dritte Option fehlt, nämlich eine, die es den Befragten ermöglicht, die potenziellen Opfer gleich zu behandeln (Bigman und Gray 2020). Hätten sie Recht, basierten die Ergebnisse des *Moral Machine Experiments* nur auf „erzwungenen Entscheidungen". Das heißt, die Antworten der Befragten spiegelten nicht ihre tatsächliche Meinung wider, sondern wurden durch das Forschungsdesign quasi erzwungen. Es ist ein bisschen so, als würde man Sie fragen, ob Sie lieber Rot- oder Weißwein trinken, obwohl Sie eigentlich gar keinen Wein mögen und Bier bevorzugen. Da sie nun mal Psychologen sind, führten Bigman und Gray natürlich auch Experimente durch, um zu testen, ob die Antworten anders ausfielen, wenn es eine dritte Option gibt: Entweder tötet das Auto Person A, oder es tötet Person B, *oder es behandelt Person A und B gleich.*

Wie Principia erklärt, bedeutet diese Gleichheitsoption, dass das Auto die persönlichen Merkmale von A und B einfach nicht erkennt (oder ignoriert). Mit anderen Worten, das Auto würde einfach nicht wissen (dürfen), wer ein Arzt oder ein Krimineller, ein Kind oder ein älterer Mann ist. Es würde lediglich erkennen, dass es ein Mensch ist. Punkt. Wenn es nur diese Information hätte, würde es alle Menschen gleichbehandeln. Es handelt sich hier um eine Möglichkeit, die menschlichen Fahrerinnen nicht offensteht. Sie können sich nicht bewusst entscheiden, nicht zu erkennen, ob die Person vor Ihnen ein Kind oder ein älterer Mann ist, was bedeutet, dass immer eine gewisse Wahrscheinlichkeit besteht, dass Sie solche Merkmale bewusst oder unbewusst berücksichtigen werden.

Und tatsächlich zeigen die Experimente, dass viele Teilnehmer eine solche Gleichheitsoption gegenüber der Tötung von A oder B zu bevorzugen scheinen. So wurde beispielsweise festgestellt, dass mit dieser zusätzlichen Option die Präferenz für die Rettung von Kindern statt älteren Menschen von 96,1 % auf 38,8 % zurückgeht, während 61,1 % die Gleichheitsoption bevorzugen, bei der Kinder und ältere Menschen gleichbehandelt werden. Auch die Präferenz für die Rettung von Personen mit hohem sozialen Status sinkt von 79,7 % auf nur 12,7 %. Die große Mehrheit (84,7 %) möchte potenzielle Opfer mit hohem und niedrigem Status gleichbehandeln.

Obwohl diese Ergebnisse auf den Antworten von weniger als 1000 Teilnehmern beruhen (wenig im Vergleich zu den 2,3 Mio. beim *Moral Machine Experiment*), waren sie bedeutend genug, um ebenfalls in der Zeitschrift *Nature* veröffentlicht zu werden. Principia stellt triumphierend fest, dass einem keine noch so große Datenmenge die relevanten Erkenntnisse liefern wird, wenn man die falschen Fragen stellt.

Skeptico räumt ein, dass es in der Tat so aussieht, als ob das *Moral Machine Experiment* so etwas wie eine erzwungene Entscheidung zwischen der Tötung von A und der

Tötung von B untersucht hat. Wahrscheinlich hätten viele Teilnehmerinnen eine andere Option bevorzugt, die aber gar nicht zur Wahl stand. Vielleicht gibt es also kein Spannungsverhältnis zwischen dem Gesetz zum autonomen Fahren und dem, was die meisten Menschen für richtig halten. Schließlich scheinen auch sie der Meinung zu sein, dass jede Programmierung von selbstfahrenden Autos verboten sein soll, die potenzielle Opfer nach ihren persönlichen Merkmalen unterschiedlich behandelt.

Skeptico gibt vorerst kleinlaut bei. Aber er ahnt bereits, dass die Ergebnisse von Bigman und Grey Implikationen haben könnten, die Principia nicht gefallen werden.

6 Das Problem der Anzahl

Es gibt noch eine andere Art von Dilemma-Situationen, die bei selbstfahrenden Autos wahrscheinlich auftreten werden, nämlich solche, in denen eine Person einer größeren Gruppe von Menschen gegenüber steht. Stellen Sie sich eine Situation vor, in der ein selbstfahrendes Auto entweder mit einem Fußgänger zusammenstößt, was diesen töten würde, oder mit fünf Fußgängern, was alle fünf töten würde. Soll das Auto so programmiert werden, dass es eine oder fünf Personen tötet? Sollte die Anzahl zählen (ein klassischer Aufsatz zu diesem Thema ist Taurek 1977)?

Das deutsche Gesetz zum autonomen Fahren schweigt zu solchen Dilemma-Situationen. Es sei daran erinnert, dass dieses Gesetz auf den Empfehlungen einer Ethik-Kommission beruht. Wie der Bericht der Kommission zeigt, konnten ihre Mitglieder – angesehene Expertinnen und Experten in verschiedenen für das Thema relevanten Bereichen unter dem Vorsitz eines ehemaligen Richters des Bundesverfassungsgerichts, Udo di Fabio – keinen Konsens darüber erzielen, was für solche Situationen zu empfehlen ist. Vor allem konnten sie sich nicht auf eine moralische Bewertung einer Programmierung einigen, mit der in solchen Fällen so viele Leben wie möglich gerettet werden. Abwägungen zwischen Menschenleben sind also derzeit in der Programmierung selbstfahrender Autos in Deutschland weder ausdrücklich verboten noch ausdrücklich gesetzlich erlaubt (Hilgendorf 2021).

Das ist bedauerlich. Zugegeben, diese Dilemma-Situationen werfen moralische Probleme auf, die sehr schwer zu lösen sind. Aber wie wir in Kap. 2 erklärt haben, ist es einfach keine Option, sie nicht zu lösen. Die Autohersteller müssen ihre Fahrzeuge so programmieren, dass sie mit solchen Dilemma-Situationen *irgendwie* umgehen können. Was auch immer das Auto in solchen Situationen tun soll, beinhaltet eine moralische Entscheidung mit fatalen Folgen. Ganz gleich, ob der Algorithmus vorgibt „nichts" zu tun und auf dem jeweiligen Kurs zu bleiben oder die größte Anzahl an Menschen zu retten, jede Option ist eine Antwort auf das moralische Problem. Und da jede Option dazu führt, dass einige Menschen getötet und andere gerettet werden, sollte sie gut begründet sein. In diesem Abschnitt untersuchen wir mögliche Lösungen für solche Dilemma-Situationen und deren Rechtfertigung.

Betrachten wir ein fiktives Szenario, das Kohlers Fall des Autofahrers von 1915 in gewisser Weise ähnelt, nämlich den Fall des Güterwagens, den ein anderer deutscher Strafrechtler, Hans Welzel, 1951 erfunden hat:

> Auf einer steilen Gebirgsstrecke hat sich ein Güterwagen gelöst und saust mit voller Wucht ins Tal auf einen kleinen Bahnhof zu, auf dem gerade ein Personenzug steht. Würde der Güterwagen auf dem bisherigen Gleise weiterrasen, so würde er auf den Personenzug stoßen und eine große Anzahl von Menschen töten. Ein Bahnbeamter, der das Unheil kommen sieht, reißt in letzter Minute die Weiche um,

die den Güterwagen auf das einzige Nebengleis lenkt, auf dem gerade einige Arbeiter einen Güterwagen entladen. Durch den Anprall werden, wie der Beamte voraussah, drei Arbeiter getötet. (Welzel 1951, 51)

Wie würden Sie den Bahnbeamten beurteilen? Ähnlich wie Kohler argumentiert Welzel, dass dem Bahnbeamten kein *Schuldvorwurf* gemacht werden kann, weil er den Güterwagen umgeleitet hat, obwohl dabei drei Menschen ums Leben gekommen sind.

Wenn wir darüber nachdenken, wie Dilemma-Situationen mit selbstfahrenden Autos zu regeln sind, ist diese strafrechtliche Perspektive nicht sehr aufschlussreich. Schließlich geht es Kohler und Welzel darum, dass die Akteure nicht schuldig sind, egal welche Option sie wählen. Damit wird lediglich das moralische Dilemma anerkannt, in dem sich die Handelnden befinden – immerhin. Das Strafrecht wirft ihnen also nicht vor, dass sie zwischen zwei Übeln gewählt haben. Aus dieser Sicht sind diejenigen, die sich in einer Dilemma-Situation befinden, nur dann schuldig, wenn sie versuchen, daraus einen Vorteil zu ziehen (wie z. B., wenn jemand eine solche Situation missbraucht, indem er absichtlich seine Schwiegermutter tötet, erinnern Sie sich?). Bei selbstfahrenden Autos geht es aber gerade darum, dass wir als Gesellschaft *im Voraus* entscheiden können, wer getötet und wer gerettet werden soll. Die zentrale Frage ist, wie die Autos programmiert werden sollen. Wer für einen tödlichen Unfall mit selbstfahrenden Autos zivilrechtlich haftet und vielleicht sogar strafrechtlich verantwortlich ist, ist sicherlich eine wichtige Frage. Allerdings hängt deren Beantwortung davon ab, wie die Autos programmiert werden sollen. Erst wenn wir wissen, was das Auto hätte tun sollen, können wir sagen, wer wofür verantwortlich ist.

Die Trolley-Fälle

Welzels Güterwagen-Szenario hat Sie vielleicht an ein philosophisches Gedankenexperiment erinnert, das auch außerhalb des akademischen Elfenbeinturms bekannt ist: die sogenannten Trolley-Fälle, die u. a. auch in dem Theaterstück „Terror" und der gleichnamigen Filminszenierung von Ferdinand von Schirach aufgegriffen worden sind. Der erste Trolley-Fall wurde von der Oxford-Philosophin Philippa Foot erfunden. Ein *Trolley* ist eine Art Straßenbahn oder Zug. Hier ist ihr Fall (wir nennen ihn den Driver-Fall):

> Jemand ist Fahrer eines außer Kontrolle geratenen Trolleys, den er nur von einem schmalen Gleis auf ein anderes lenken kann; fünf Männer arbeiten auf dem einen Gleis und ein Mann auf dem anderen; jeder, der sich auf dem Gleis befindet, das der Trolley befährt, wird mit Sicherheit getötet. (Foot 2003 [1967], 23; eigene Übers.)

Ersetzen Sie den Trolley durch ein Auto, dann haben Sie eine Version von Kohlers Fall, aber eine, in der der Fahrer entweder einen oder fünf unschuldige Menschen töten muss. Im Gegensatz zu Kohler hatte das fiktive Szenario von Foot einen enormen Einfluss auf die philosophischen Debatten der folgenden Jahrzehnte. Und das, obwohl es in dem Aufsatz eigentlich gar nicht zentral um Trolleys geht. Sein Titel lautet auf Deutsch „Das Problem der Abtreibung und die Lehre von der Doppelwirkung".

Die Lehre von der Doppelwirkung wurde vor allem von Thomas von Aquin entwickelt, einem Dominikanermönch aus dem 13. Jahrhundert, dessen philosophische Schriften bis heute nachwirken. Nach seinem Tod wurde er heiliggesprochen – eine Ehre, die nur wenige Philosophinnen seither mit Recht erwarten konnten. Die Lehre von der Doppelwirkung konzentriert sich auf die Unterscheidung zwischen Absicht und Voraussicht. So kann beispielsweise eine absichtliche Tötung normalerweise nicht gerechtfertigt werden. Man denke aber an Fälle von Selbstverteidigung. Die Lehre besagt, dass eine Tötung unter bestimmten Umständen zulässig sein kann, nämlich dann, wenn die eigentliche Absicht der Tötung die Selbsterhaltung ist und der Tod der Person vom Handelnden als Nebenfolge der vorsätzlichen Handlung vorausgesehen wird (zumindest solange es keine harmlosere Möglichkeit gibt, das beabsichtigte Ergebnis herbeizuführen, und der Schaden nicht in einem Missverhältnis zum beabsichtigten Ziel steht). Sie wird als Lehre von der Doppelwirkung bezeichnet, weil sie von zwei Folgen oder Auswirkungen ausgeht, die Handlungen haben können – eine, die man beabsichtigt, und eine, die man als Nebenfolge bloß vorhersieht, aber nicht beabsichtigt.

Diese Unterscheidung zwischen den strikt beabsichtigten guten Folgen und den lediglich vorhergesehenen schlechten Nebenfolgen ein und desselben Handelns hat den rechtlichen und moralischen Diskurs stark beeinflusst. Sie ist nach wie vor ein wichtiges Element in vielen Rechtsordnungen und in der medizinischen Praxis, zum Beispiel bei der Unterscheidung zwischen der erlaubten Verabreichung eines Medikaments, das die Schmerzen einer Patientin lindern soll, aber voraussichtlich ihr Leben etwas verkürzen wird, einerseits und der verbotenen Verabreichung eines Medikaments, das den Tod der Patientin beschleunigen soll, andererseits. Auch wenn das Ergebnis dasselbe ist – die Patientin stirbt z. B. heute statt morgen –, liegt in der Absicht, die Schmerzen zu lindern oder das Leben zu verkürzen, nach der Lehre von der Doppelwirkung der moralisch relevante Unterschied.

Was hat das mit den Trolley-Fällen und mit selbstfahrenden Autos zu tun? Nun, die Antwort hat mit einem weiteren Fall zu tun. Um die Plausibilität der Lehre von der Doppelwirkung zu veranschaulichen, hat Foot den Driver-Fall im Gegensatz zum Richter-Fall konzipiert:

> Angenommen, ein Richter sieht sich mit Randalierern konfrontiert, die verlangen, dass ein Schuldiger für ein bestimmtes Verbrechen gefunden wird, und die andernfalls damit drohen, sich an einem bestimmten Teil der Gemeinschaft blutig zu rächen. Da der wahre Schuldige nicht bekannt ist, sieht sich der Richter nur in der Lage, das Blutvergießen dadurch zu verhindern, dass er eine unschuldige Person verurteilt und hinrichten lässt. (Foot 2003 [1967], 23)

Wie Foot erklärt, stellt sich die Frage, warum die meisten – vermutlich auch Sie! – es im Driver-Fall für richtig halten, den Trolley auf das Nebengleis zu lenken und den einzelnen Mann zu opfern, während sie im Richter-Fall vermutlich über die Vorstellung entsetzt wären, den unschuldigen Mann hinzurichten. Foots erste Antwort lautet, dass die Lehre von der Doppelwirkung den Unterschied erklären könnte. Es ist eine Sache, den Trolley umzulenken und vorherzusehen, dass dies für einen Menschen tödlich sein wird und eine gänzlich andere Sache jemanden absichtlich, in diesem Fall sozusagen als Teil eines Plans, zu töten. Der Richter braucht den Tod des unschuldigen Mannes. Sein Tod ist Teil des Plans des Richters, die größere Gruppe von Menschen zu retten, die andernfalls bei den Unruhen sterben würden. Der Trolley-Fahrer hingegen wäre erleichtert, wenn die Person auf dem Nebengleis nicht dort stehen würde oder noch vom Gleis springen könnte, bevor der Zug sie trifft. Es ist nicht seine Absicht, den Arbeiter zu töten; sein Tod ist lediglich die vorhergesehene (schlechte) Nebenfolge der (guten) Absicht, die fünf Arbeiter zu retten.

3 Wie moralische Dilemmata im Zusammenhang …

Foot lehnt allerdings in ihrem Beitrag die Lehre von der Doppelwirkung als beste Erklärung für die unterschiedliche Beurteilung ab. Ihre Idee war es, stattdessen auf die Unterscheidung zwischen positiven und negativen Rechten zurückzugreifen. Negative Rechte und die damit verbundenen Pflichten (d. h. das, was wir anderen im Sinne der Nichteinmischung schulden) seien stärker als positive Rechte und die damit verbundenen Pflichten (d. h. das, was wir anderen in Form von Hilfe schulden) (Foot 2003 [1967], 29). Foot erklärt, dass der Richter in Bezug auf die unschuldige Person die negative Pflicht hat, keinen Schaden zu verursachen, und in Bezug auf den Schutz der Gesellschaft vor den Randalierern die positive Pflicht, Hilfe zu leisten. Da die negativen Pflichten stärker sind, darf der Richter den Unschuldigen nicht opfern. Können Sie schon erkennen, worauf das hinausläuft und wie der Richter-Fall hilft, eine Lösung für den Driver-Fall zu finden?

Im Gegensatz zum Richter steht der Fahrer des Trolleys in einem Konflikt zwischen zwei negativen Pflichten, nämlich der Pflicht, die fünf Männer nicht zu töten, und der Pflicht, den einen nicht zu töten. Da der Fahrer nicht in der Lage ist, beide negativen Pflichten zu erfüllen, sollte er, so argumentiert Foot, so viele Menschen wie möglich retten. Wenn wir nun den Trolley durch ein Auto ersetzen, würde dies auch für eine Autofahrerin gelten. Ist das nicht toll?, fragt Skeptico. Die Lösung von Foot gibt uns eine Antwort auf die moralische Frage, ob die Autofahrerin so viele Leben wie möglich retten soll. Natürlich soll sie das, zumindest wenn es sich um ein Dilemma handelt, bei dem zwei negative Pflichten miteinander kollidieren. Aber halt, entgegnet Principia, ich dachte, wir interessieren uns für selbstfahrende Autos und nicht für menschliche Fahrerinnen, die schicksalhafte Entscheidungen treffen. Außerdem, wurde Foots Argumentation nicht in der folgenden Debatte kritisiert?

Natürlich wurde sie das. Am einflussreichsten war die Kritik der US-amerikanischen Philosophin Judith Jarvis Thomson, welche diese Kritik unter Zuhilfenahme von weiteren hypothetischen Fällen geäußert hat. Thomson entwickelte viele Trolley-Fälle, darunter eine Version des Driver-Falls, die heute oft als *der* Trolley-Fall angesehen wird, nämlich den Bystander-Fall. Im Bystander-Fall kann nicht der Fahrer, sondern ein Passant *(bystander),* der zufällig in der Nähe einer Weiche steht, den Kurs des Trolleys ändern. Wenn er die Weiche umlegt, wird der Trolley auf das Nebengleis gelenkt, wobei der eine Arbeiter ums Leben kommt.

Dieser Fall bringt uns einen Schritt näher an selbstfahrende Autos heran. Denn nun hat der Trolley keinen Fahrer mehr und ihr Kurs wird von einer externen Person, dem Bystander, bestimmt. In diesem Sinne ist der Bystander dem Autopiloten eines selbstfahrenden Autos zumindest ähnlich. Es ist daher nicht überraschend, dass Szenarien wie die folgenden im Zusammenhang mit der Ethik selbstfahrender Autos oft diskutiert werden:

> Sechs Männer überqueren die Straße. Ein selbstfahrendes Auto nähert sich schnell und kann nicht anhalten, bevor es die Fußgänger erreicht. Wenn es auf seinem Kurs bleibt, wird es fünf der Männer töten. Wenn es ausweicht, wird es den anderen Mann töten. Es kann nicht alle verschonen. Soll das Auto auf seinem Kurs bleiben oder ausweichen?

Abb. 2 zeigt ein Bild aus dem *Moral Machine Experiment*, das genau ein solches Szenario testet.

Der Bystander-Fall ist Welzels Güterwaggon-Fall sehr ähnlich. In beiden Fällen kann eine an sich unbeteiligte Person ein Fahrzeug umleiten, um eine größere Anzahl von Menschen zu retten, wodurch aber eine kleinere Anzahl von Menschen geopfert wird. Soweit wir wissen,

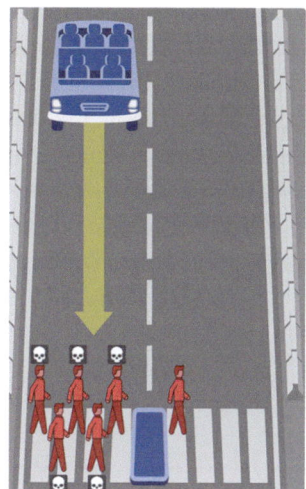 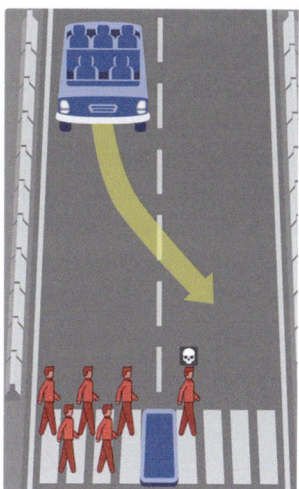

Abb. 2 Problem der Anzahl: 5 vs. 1. (© Moral Machine Experiment)

waren weder Foot noch Thomson mit Welzels Fall vertraut.

Jedenfalls waren es der Driver-Fall von Foot und die verschiedenen Variationen von Thomson, die die berühmte Trolley-Debatte erst richtig in Gang brachten. Aber warum war es eine wichtige Entwicklung, den Bystander-Fall einzuführen? Sind die beiden Fälle – Driver und Bystander – nicht moralisch ähnlich? Halten Sie es für moralisch vertretbar, dass der Bystander den Trolley umlenkt? Thomson ist der Ansicht, dass die meisten Menschen dies für akzeptabel halten würden, ebenso wie es für den Fahrer im Fall von Foot akzeptabel wäre. Es gibt nur ein Problem: Der Bystander verletzt eine negative Pflicht (die eine Person nicht zu töten), um eine positive Pflicht zu erfüllen (den fünf Menschen zu helfen, die sterben würden, wenn er nichts täte), denn als Bystander hat er keine Verantwortung für den Trolley und somit keine negative Pflicht, die fünf Personen nicht zu überfahren. Diese kleine Änderung, so Thomson, „ist für Frau Foots These ein ernsthaftes Problem" (Thomson 2020 [1985], 21). Der Punkt ist, dass die Erklärung von Foot, die den relevanten moralischen Unterschied zwischen Fällen wie Driver und Richter in der Unterscheidung zwischen positiven und negativen Rechten und Pflichten sieht, nicht für alle ähnlichen Fälle (z. B. Bystander) eine gute Erklärung ist.

Das Trolley-Problem

Die Frage, die in den folgenden Jahrzehnten diskutiert wurde, war jedoch nicht, was Fälle wie Thomsons Bystander von Foots Driver unterscheidet. Stattdessen drehte sich die Frage um den Unterschied zwischen dem Bystander-Fall und einer weiteren von Thomson eingeführten Variante des Driver-Falls, nämlich dem Footbridge-Fall:

> Stellen Sie sich einen Fall vor [...], in dem Sie auf einer Brücke über dem Trolley-Gleis stehen. Sie sehen einen Trolley unkontrolliert das Gleis hinunterrasen. Sie drehen sich um, um zu sehen, wohin der Trolley steuert, und sehen, dass sich fünf Arbeiter auf jenem Gleis befinden, das der Trolley unter der Brücke passiert. Was nun? Als Trolley-Experte kennen Sie eine sichere Möglichkeit, um einen außer Kontrolle geratenen Trolley zu stoppen, nämlich ihm ein sehr schweres Gewicht in den Weg zu werfen. Doch wo ist eines zu finden? Wie es der Zufall so will, steht neben Ihnen auf der Brücke ein dicker Mann – ein wirklich dicker Mann. Er lehnt über dem Geländer und beobachtet den Trolley; Sie müssen ihm lediglich einen kleinen Stoß geben, und er würde über das Geländer auf das Gleis des Trolleys fallen. Wäre es zulässig, dies zu tun? (Thomson 2020 [1985], 63–65)

3 Wie moralische Dilemmata im Zusammenhang ...

Nachdem sie das Szenario vorgestellt hat, fügt Thomson hinzu: „Alle, denen ich diesen Fall vorgelegt habe, sagen, es sei nicht zulässig. Doch aus welchem Grund?" Geht man davon aus, dass der dicke Mann im Footbridge-Fall nicht von der Brücke gestoßen werden darf, dann lässt sich dieses Urteil nicht mit Foots Unterscheidung zwischen positiven und negativen Rechten und Pflichten erklären – zumindest nicht mit einer Erklärung, die mit dem moralischen Urteil im Bystander-Fall vereinbar ist. In beiden Fällen muss eine unschuldige Person aktiv getötet werden, um fünf Menschen zu retten. Wenn dies im Bystander-Fall moralisch zulässig ist, im Footbridge-Fall jedoch nicht, dann stehen wir vor dem, was Thomson in Anlehnung an den Trolley in Foots Driver-Fall als „Trolley-Problem" bezeichnet hat (Thomson 1976; 1985, 1401).

Vielleicht denken Sie, dass wir mit der Diskussion des Footbridge-Falls endgültig den Verstand verlieren. Was in aller Welt hat dieses Szenario mit selbstfahrenden Autos zu tun? Nun, sehen Sie sich das folgende Szenario an, das wir den Microcar-Fall nennen:

> Ein selbstfahrendes Auto fährt leer (also ohne Menschen im Auto) auf der Straße. Als es sich einer Kreuzung nähert, an der die Ampel auf Rot steht, versagen seine Bremsen. Wenn das Auto auf seinem bisherigen Kurs weiterfährt, wird es eine Gruppe von fünf Personen töten. Die einzige Möglichkeit, dies zu verhindern, besteht darin, ein selbstfahrendes Microcar – ein kleines Auto mit nur zwei Sitzen (z. B. der Renault Twizy) –, das sich der Kreuzung von der anderen Seite nähert, in den Weg des außer Kontrolle geratenen Autos zu lenken, bevor es die Gruppe von fünf Personen treffen kann. Unglücklicherweise sitzt in dem Microcar ein dicker Mann, der bei einem Zusammenstoß mit dem außer Kontrolle geratenen Auto getötet werden

würde. Ohne den dicken Mann wäre das Microcar nicht schwer genug, um das andere Auto aufzuhalten. (Paulo 2023)

Dieses Szenario ist zugegebenermaßen weit hergeholt, aber es ist auch nicht völlig unrealistisch. Sobald selbstfahrende Autos in großer Zahl auf den Straßen unterwegs sind, werden sie untereinander vernetzt sein. Diese Vernetzung zwischen ihnen ist eines der wichtigsten Instrumente, um sie sicherer fahren zu lassen als Menschen es können. Durch die Vernetzung mit anderen Fahrzeugen wird jedes Auto die Verkehrssituation auf seiner gesamten geplanten Strecke ‚kennen', und zwar weit über das hinaus, was es mit seinen Sensoren ‚sehen' kann. Dadurch können vernetzte Autos gefährliche Situationen viel besser ‚vorhersehen' als menschliche Fahrer.

Zusammenfassend lässt sich sagen, dass das Trolley-Problem darin besteht, wie der Unterschied zwischen den moralischen Urteilen im Bystander-Fall und im Footbridge-Fall erklärt werden kann. Dieses Problem ist nicht auf Trolleys beschränkt. Es handelt sich um ein strukturelles Problem, das auch in einer Vielzahl anderer Fälle zu finden ist, einschließlich Dilemmata mit selbstfahrenden Autos.

Über die Jahrzehnte hat es zahlreiche Versuche gegeben, das Trolley-Problem zu lösen, d. h. moralische Prinzipien zu finden, die die verschiedenen moralischen Urteile überzeugend erklären können. Bisher hat keiner dieser Vorschläge viele Philosophinnen überzeugt (Bruers und Braeckman 2014), weswegen die Debatte unvermindert anhält (Lillehammer 2023). Es ist kein Zufall, dass eine der einfallsreichsten und scharfsinnigsten Denkerinnen, die sich intensiv mit dem Trolley-Problem beschäftigt hat, nämlich die US-amerikanische Philosophin Frances Kamm, ihre Bemühungen in einem Buch zusammenfasst, dem sie den Titel *The Trolley Problem Mysteries* gegeben hat (Kamm 2016).

3 Wie moralische Dilemmata im Zusammenhang ...

Dennoch könnte uns die Diskussion des Trolley-Problems helfen, eine Lösung für einige der moralischen Probleme mit selbstfahrenden Autos zu finden. Die Idee, wie das funktionieren könnte, ist relativ einfach. Wenn Philosophinnen nach einer Lösung für das Trolley-Problem suchen, schlagen sie moralische Prinzipien vor, die die unterschiedlichen moralischen Urteile im Bystander-Fall und im Footbridge-Fall überzeugend erklären können. Diese Urteile bestehen darin, dass der Bystander die Weiche betätigen, dass aber die Person auf der Brücke den dicken Mann nicht auf die Gleise schubsen darf. Die gesamte philosophische Debatte, die sich rund um das Trolley-Problem entwickelt hat, geht davon aus, dass diese beiden moralischen *Urteile* richtig sind. Auch wenn sich die verschiedenen vorgeschlagenen Lösungen darin unterscheiden, wie sie diesen Unterschied erklären. Das heißt, was als moralisch richtiges Handeln angesehen wird, steht nicht zur Debatte. Diskutiert wird, welches moralische Prinzip die unterschiedlichen Ergebnisse erklären kann.

Diese Urteile werden jedoch nicht nur pragmatisch für die Zwecke der Argumentation als richtig angenommen. In zahlreichen empirischen Studien wurde untersucht, was für die daran teilnehmenden Testpersonen die moralisch richtige Entscheidung wäre. Tatsächlich gibt es so viele Studien, die Szenarien verwenden, die den Trolley-Fällen nachempfunden sind, dass man sagt, sie seien die *lingua franca* der Moralpsychologie für Studien zur moralischen Entscheidungsfindung (Cushman 2013). In solchen Studien fand man heraus, dass es ca. 90 % der Befragten für zulässig halten, im Bystander-Fall die Weiche zu betätigen, während es nur ca. 10 % moralisch zulässig finden, den dicken Mann von der Brücke zu stoßen (Hauser u. a. 2007). Bei diesen Studien wurden Laien befragt. Wie sieht es aus, wenn man Philosophinnen fragt? Auch in dieser Gruppe halten es immerhin ca. 63 % für zulässig, die Weiche im Bystander-Fall umzustellen, während nur ca. 13 % das Umlenken des Trolleys für unzulässig halten (Bourget und Chalmers 2020). Etwa 22 % der befragten Philosophen wiederum halten es für zulässig, den dicken Mann im Footbridge-Fall zu schubsen, während ca. 56 % das für unzulässig halten. Diese Studien mit Laien und Expertinnen zeigen also, dass das Trolley-Problem nicht bloß für argumentative Zwecke angenommen wird, sondern tatsächlich existiert. Laien wie Experten teilen die scheinbar konfligierenden Urteile, die das Trolley-Problem ausmachen (für Kritik an dieser Einschätzung vgl. Behrends und Basl 2022).

Ahnen Sie bereits, wie uns diese Überlegungen helfen können, moralische Dilemmata mit selbstfahrenden Autos zu entscheiden? Nehmen wir den Fall eines selbstfahrenden Autos, das entweder so programmiert ist, dass es geradeaus fährt (und so eine Gruppe von fünf Personen tötet) oder lenkt (und so eine Person tötet). Es ist nicht fernliegend, dieses Szenario und den Bystander-Fall als in moralischer Hinsicht ähnlich einzuschätzen. Etwas in moralischer Hinsicht für ähnlich zu halten, heißt, dass eine vergleichbare moralische Struktur vorliegt, auch wenn sich die Situationen in anderen Hinsichten unterscheiden. Wenn sich nun also dieses Auto-Szenario und der Bystander-Fall in moralischer Hinsicht ähneln, dann spricht dies auch dafür, beide moralisch gleich zu bewerten. Wenn es also im Bystander-Fall moralisch zulässig ist, die Weiche umzustellen (damit nur eine Person getötet wird), dann scheint es auch moralisch zulässig zu sein, das Auto so zu programmieren, dass es lenkt (damit nur eine Person getötet wird).

Die gleiche Überlegung kann man auch für den Footbridge- und den Microcar-Fall anstellen. Soweit sie moralisch ähnlich sind, ist es verboten, selbstfahrende Autos so zu programmieren, dass ein Auto mit einem dicken Passagier ein anderes Auto blockiert, damit es nicht in eine größere Gruppe von Menschen fährt (und diese tötet), wenn das zum Tod des einen Passagiers führt. Schließlich ist es auch moralisch verboten, den dicken Mann von der Brücke zu schubsen.

Es gibt auch einige empirische Belege, die für die Analogie zwischen Trolley-Fällen und Fällen mit selbstfahrenden Autos sprechen. Wir haben oben einige der Ergebnisse des *Moral Machine Experiments* erörtert, aber nur insoweit, als sie die persönlichen Merkmale der potenziellen Opfer (wie sozialer Status, Alter oder Geschlecht) betreffen. Das Experiment gab auch Aufschluss über die Präferenzen der Testpersonen in Bezug auf die Abwägung zwischen einer unterschiedlichen Anzahl an Menschenleben. Die Forschergruppe fand heraus, dass die Präferenz, so viele Menschenleben wie möglich zu retten, eine der dominantesten überhaupt ist, und dass sie weltweit vorherrscht. Mit anderen Worten: Überall auf der Welt sind die meisten Menschen der Ansicht, dass Autos so programmiert werden sollen, dass sie ausweichen, um fünf Menschen zu retten, selbst wenn dadurch eine andere Person getötet wird. Und sie zeigen diese Präferenz über eine große Bandbreite von Szenarien, die dem Bystander-Fall strukturell ähnlich sind.

Aber sind wir oben nicht zu dem Schluss gekommen, dass das *Moral Machine-Experiment* durch sein Entweder-Oder-Design (entweder das Auto tötet Person A oder Person B) bestimmte Antworten erzwingt, obwohl viele Studienteilnehmer vielleicht eine andere Alternative bevorzugt hätten? Skeptico ahnte schon in diesem Kontext, dass die Ergebnisse von Bigman und Grey Auswirkungen haben könnten, die Principia nicht gefallen würden. Zur Erinnerung: Die Psychologen Bigman und Grey fanden heraus, dass die Testpersonen eine dritte Option wünschten, eine Gleichheitsoption, nach der jede Person gleich zählt, unabhängig davon, ob sie beispielsweise ein Arzt oder ein Krimineller ist.

Aber was bedeutet das, wenn es um Abwägungen zwischen verschieden großen Gruppen von Menschen, also um die Anzahl von Menschenleben geht? Nun, wenn alle gleich viel zählen, dann zählt eine Person wohl weniger als zwei, zwei weniger als drei und so weiter. Und genau das haben Bigman und Grey herausgefunden: 81,6 % der von ihnen Befragten zogen es vor, mehr Menschenleben zu retten, und nur 17,9 % wollten verschiedene Gruppen potenzieller Opfer in dem Sinne gleich behandeln, dass die Gruppengröße keinen Unterschied machen sollte (Bigman und Gray 2020). Aber auch dies gilt nur für Szenarien, die dem Bystander-Fall strukturell ähnlich sind. Soweit wir wissen, sind Szenarien wie der Microcar-Fall, die dem Footbridge-Fall ähneln, noch nicht empirisch untersucht worden.

Wir haben vorgeschlagen, die Lösung des Dilemmas mit selbstfahrenden Autos anhand einer Analogie zu den in der Philosophie bekannten Trolley-Fällen zu finden. Es gibt mehrere Möglichkeiten, diesen Ansatz zu kritisieren. Die vielleicht offensichtlichste ist, zu bezweifeln, dass die Analogie zwischen Trolleys und selbstfahrenden Autos hält. Trolleys fahren beispielsweise auf Schienen, Autos aber nicht. Wenn man einen Trolley umleitet, weiß man genau, wohin er fahren wird, weil er den Schienen folgt. Wenn ein selbstfahrendes Auto so programmiert ist, dass es ausweicht, kann dies zu vielen verschiedenen Trajektorien (das sind alle möglichen unterschiedlichen exakten Fahrwege, die das Auto wählen könnte) führen, je nachdem, wie stark es lenkt, wie schnell es ist usw. Das bedeutet, dass es sehr viel schwerer ist, vorherzusagen, wohin das Auto genau fährt. Es ist mithin auch schwerer zu sagen, ob (und wie genau) es diese oder jene Person treffen wird, oder ob es vielleicht doch gelingt, einen tödlichen Unfall noch zu vermeiden.

Bei philosophischen Diskussionen über das Trolley-Problem wird davon ausgegangen, dass die Ergebnisse feststehen und bekannt sind. Es wird also angenommen, es bestünde vollständiges Wissen über die Konsequenzen jeder möglichen Handlung oder Unterlassung. Nehmen wir den Footbridge-Fall. Bei der Beschreibung des Szenarios sagt Thomson: „Als Trolley-Experte kennen Sie eine sichere Möglichkeit, um einen außer Kontrolle geratenen Trolley zu stoppen, nämlich ihm ein sehr schweres Gewicht in den Weg zu werfen", und dass zufällig „neben Ihnen auf der Brücke ein dicker Mann" steht (Thomson 2020 [1985], 63). Es gibt viele Dinge, die sie dort nicht sagt, die aber angenommen werden müssen, damit das Dilemma Sinn ergibt. Zum Beispiel muss sie davon ausgehen, dass bekannt und sicher ist, dass die fünf Personen auf dem Gleis sterben werden, wenn man den dicken Mann nicht schubst; dass das Schubsen des dicken Mannes den Trolley auf jeden Fall stoppen wird (und damit die fünf rettet); dass das Schubsen zum Tod des dicken Mannes führt, weil er von dem Trolley überfahren und tödlich verletzt wird; und – vielleicht die wichtigste Annahme –, dass es keinen anderen schweren Gegenstand (oder Menschen) gibt, der den Trolley aufhalten könnte (auch nicht die Person, die auf der Brücke steht und die Entscheidung treffen soll). Was meinen Sie, wie oft kommt eine solche Situation im echten Leben vor? Man kann mit ziemlicher Sicherheit sagen: nie!

Auch wenn das einige Leserinnen überraschen mag, aber selbst Philosophen wissen, dass die Welt nicht so funktioniert. Wie Foot gleich nach der Einführung der Mutter aller Trolley-Fälle, dem Driver-Fall, schreibt: „Im wirklichen Leben gibt es die von Philosophinnen und Philosophen postulierten Gewissheiten fast nie" (Foot 2003 [1967], 31; eigene Übers.). Warum also verbringen so viele Philosophinnen Jahrzehnte damit, über völlig unrealistische Fälle nachzudenken?

Nun, aus demselben Grund, der Naturwissenschaftlerinnen dazu bringt, die natürliche Welt in einem Labor zu untersuchen. Denn dort kann die Umwelt so gestaltet werden, dass die relevanten Merkmale untersucht werden können. In der natürlichen Umgebung ist es sehr viel schwerer (oder sogar unmöglich), wissenschaftlich zu forschen. Es gibt einfach zu viele Faktoren, die den zu untersuchenden Gegenstand beeinflussen können. In der Laborsituation kann man die wichtigsten Faktoren isolieren. Und indem man diese Faktoren einzeln manipuliert, kann man beobachten, was sie bewirken. Das ist genau das, was Philosophen tun, nur brauchen sie dafür kein Labor. Aber vor diesem Hintergrund wird auch verständlich, warum die Trolley-Fälle und andere derartige Szenarien als „Gedankenexperimente" bezeichnet werden.

In Gedankenexperimenten werden Szenarien so gestaltet, dass der zu untersuchende Gegenstand – hier das Trolley-Problem – von der unendlichen Vielfalt anderer Faktoren isoliert werden kann. Als moralisches Problem ist das Trolley-Problem unabhängig von all den anderen Faktoren interessant, die potenziell bestimmen, was in realen Unfallsituationen passiert. Vielleicht gelingt es den Arbeitern, gerade noch rechtzeitig von den Schienen zu springen; vielleicht wird der dicke Mann nur verletzt, überlebt aber, oder er ist gar nicht schwer genug, um den Trolley wirklich aufzuhalten usw. All das spielt für das Trolley-Problem keine Rolle, denn es geht um eine grundlegende moralische Frage, die mit der Struktur jedes einzelnen Falles zu tun hat. Warum scheint es zulässig zu sein, den Trolley im Bystander-Fall umzulenken, aber nicht, den dicken Mann im Brücken-Fall zu schubsen?

Wenn man eine moralische Frage auf diese Weise isoliert hat, ist es viel einfacher, über diese nachzudenken, ohne von der großen Zahl anderer Faktoren abgelenkt zu werden, die im echten Leben auftreten können. Es wird oft gesagt, dass die Philosophie realistische oder zumindest realistischere Szenarien für Gedankenexperimente verwenden sollte. Diese Forderung leuchtet auf den ersten Blick ein. Aber sie übersieht den entscheidenden Punkt, dass die Dinge in Gedankenexperimenten absichtlich vereinfacht werden, um schwierige Probleme überhaupt zugänglich und untersuchbar zu machen. Glauben Sie uns, wenn es einfacher wäre, schwierige moralische Probleme in komplexen realen Situationen zu durchdenken, wären Philosophen begeistert und würden genau das tun. Aber so ist es leider nicht. Es ist wahrscheinlicher, dass wir die moralische Frage aus den Augen verlieren, wenn wir versuchen, Probleme, die so schwierig sind wie das Trolley-Problem, in einer realen Umgebung zu durchdenken, in der alle potenziell relevanten Faktoren, mit allen bekannten und nicht bekannten Unbekannten hinzukommen und mitbedacht werden müssen.

In gewisser Weise ist die Diskussion über Dilemmata mit selbstfahrenden Autos realistischer als die traditionellen Trolley-Fälle. Wie wir in Kap. 2 argumentiert haben, wird es sicherlich Unfälle mit selbstfahrenden Autos geben. Und es ist davon auszugehen, dass die Autos zumindest in einer kleinen Anzahl davon nur eines von zwei gravierenden Übeln vermeiden können. Ebenso ist zu erwarten, dass es auch Situationen geben wird, in denen ein Auto mit Sicherheit erkennt, dass es z. B. nach einem Bremsversagen nur zwei Möglichkeiten hat, von denen eine zum Tod von drei Menschen und die andere zum Tod von einem Menschen führt. Autopiloten sind darauf ausgelegt, jeder Möglichkeit Wahrscheinlichkeiten zuzuordnen. Sie könnten also ein Objekt vor ihnen als einen Menschen identifizieren, aber sie werden nie mit Sicherheit ‚wissen', ob es sich wirklich um einen Menschen oder vielleicht nur um eine besonders echt wirkende Statue oder Puppe handelt. Sie werden auch nie mit Sicherheit ‚wissen', ob eine Kollision mit einem Menschen unweigerlich zu dessen Tod führen wird. Vielleicht wird er ja ‚nur' schwer verletzt. Ist dies vielleicht ein guter Grund, sich nicht länger mit Dilemma-Situationen zu befassen, sondern sich stattdessen darauf zu konzentrieren, Unfälle von vornherein zu vermeiden?

Nicht unbedingt. Es ist von größter Bedeutung, selbstfahrende Autos so zu konstruieren und zu programmieren, dass sie so wenige Unfälle wie möglich verursachen. Das bedeutet jedoch nicht, dass sie nie in Dilemma-Situationen geraten werden. Sicherlich werden diese Situationen selten sein. Aber es ist keineswegs unrealistisch, anzunehmen, dass eine Situation wie die folgende eintreten kann (Furey und Hill 2021; Schäffner 2024, Kap. 3):

Der Autopilot eines selbstfahrenden Autos erkennt vor sich zwei Personen (er ist sich zu 95 % sicher, dass es sich bei diesen Objekten tatsächlich um Menschen handelt), die er höchstwahrscheinlich (mit einer Sicherheit von 90 %) anfahren wird, was sie vielleicht töten wird (zu 70 %, weil das Auto schnell fährt). Auf der Suche nach einer sichereren Trajektorie erkennt der Autopilot innerhalb von Millisekunden, dass es nur eine andere Möglichkeit gibt, nämlich nach rechts auszuweichen, wo er einen anderen Menschen erkennt (auch hier ist er sich zu 95 % sicher, dass es sich um einen Menschen handelt), den er höchstwahrscheinlich (90 %) treffen wird, wodurch dieser vielleicht getötet wird (70 %).

Diese Beschreibung ist viel realistischer als die Szenarien mit selbstfahrenden Autos, die wir bisher diskutiert haben. Aber macht es aus moralischer Sicht einen Unterschied, wenn man von begrenzten Gewissheiten ausgeht? Überlegen Sie selbst: Wie sollte das Auto für dieses realistischere Szenario programmiert werden? Die moralische Frage ist nicht, wie hoch die Wahrscheinlichkeit ist, dass es sich bei dem Objekt tatsächlich um einen Menschen handelt oder dass dieser bei dem Unfall getötet wird. Wenn es nämlich sehr unwahrscheinlich ist, dass bei dem Unfall ein Mensch ums Leben kommt, dann ist der Fall überhaupt nicht mit den Dilemmata vergleichbar, die uns interessieren. Was aber, wenn es sehr wahrscheinlich ist, dass der Unfall einen, zwei oder drei Menschen tötet? Nun, dann sind wir wieder bei der Diskussion über das Trolley-Problem. Die bloße Tatsache, dass wir es mit Wahrscheinlichkeiten zu tun haben, die unter 100 % liegen, ändert an sich nichts an den moralischen Problemen (eine Verteidigung des risikoethischen Ansatzes bieten Fried 2012; Krügel und Uhl 2024).

Soll man immer die größere Anzahl retten?

Wie wir oben gesehen haben, stimmen die meisten Philosophen und Laien mit den Urteilen überein, die für die traditionellen Trolley-Fälle angenommen werden. Einige sind jedoch anderer Meinung. Es gibt im Wesentlichen zwei philosophische Lager, die die Diskussion des Trolley-Problems als fehlgeleitet ansehen. Das eine Lager ist der Meinung, dass auch der dicke Mann von der Brücke gestoßen werden darf, weil dadurch mehr Menschenleben gerettet würden. Das andere Lager meint, dass es verboten ist, den dicken Mann von der Brücke zu schubsen, aber auch, den Trolley im Bystander-Fall umzulenken, weil beide Handlungen die Menschenwürde der einen Person, die getötet wird, verletzen würden.

Diejenigen, die sich auf die Anzahl der Opfer konzentrieren, stehen in der Tradition des englischen Philosophen Jeremy Bentham. Bentham starb 1832, aber sein mit Heu ausgepolstertes Skelett, das mit Benthams

Kleidung und mit einem Wachskopf ausgestattet wurde, ist noch immer im University College London zu sehen. Bentham entwickelte eine Lehre, nach der für die moralische Beurteilung einer Handlung allein zählt, wie viel Freude sie erzeugt und wie viel Schmerz sie vermeidet. Es geht also um die Folgen oder Konsequenzen einer Handlung, genauer gesagt: darum, wie viel Nutzen sie bringt. Das Schlagwort von Benthams sogenanntem Utilitarismus (*utilitas* bedeutet Nutzen oder Vorteil), der zur Familie der konsequentialistischen Moraltheorien gehört, lautet „das größte Glück der größten Zahl" (Bentham 1977 [1776], 393). Da nach diesem Maßstab alle gleich viel zählen, ist der Utilitarismus zutiefst egalitär. Er hat den Weg für eine ganze Reihe fortschrittlicher gesellschaftlicher Reformen geebnet. Da alles, was moralisch zählt, Lust und Schmerz ist, war Bentham der Meinung, dass wir sowohl menschliche als auch tierische Empfindungen berücksichtigen sollten. Wenn Liebe und Sex Vergnügen bereiten, spielt es keine Rolle, ob ein Mann und eine Frau beteiligt sind oder zwei Männer. Bentham ging aber deutlich weiter: Warum nicht mehr Frauen oder Männer oder auch Tiere (Edmonds 2015, Kap. 8)?

Was für Bentham moralisch zählt, sind die Konsequenzen einer Handlung, wie viel Freude die Handlung erzeugt und wie viel Schmerz sie vermeidet. Subtile Unterschiede – etwa zwischen Absicht und Voraussicht, Töten und Sterbenlassen oder positiven und negativen Rechten – spielen in seiner Theorie keine Rolle. Er glaubte einfach nicht, dass irgendetwas davon moralisch relevant ist. Tatsächlich unterscheidet seine Theorie nicht einmal zwischen verschiedenen Qualitäten von Freude oder Leid. Einfache Freuden werden genauso berücksichtigt wie hochkultivierte. Dies wurde von vielen Kommentatorinnen kritisiert. Sie argumentierten, dass Bentham den Menschen zum Tier degradiert. Es oblag John Stuart Mill, dem

Philosophen, der das Schadensprinzip erfand, den Utilitarismus zu verteidigen, indem er eine Version der Theorie entwickelte, die höhere Genüsse auch höher wertet. In Mills Worten: „Es ist besser, ein unzufriedener Mensch zu sein als ein zufriedenes Schwein; besser ein unzufriedener Sokrates als ein zufriedener Narr. Und wenn der Narr oder das Schwein anderer Ansicht sind, dann deshalb, weil sie nur die eine Seite der Angelegenheit kennen" (Mill 2006 [1861], 33).

Die Ironie der Geschichte besteht darin, dass Bentham Mills geistiger Ziehvater oder vielleicht auch Ziehgroßvater war – Mill wurde 1806 geboren, als Bentham bereits fast 60 Jahre alt war. Bentham unterstützte seinen Freund James Mill, John Stuarts Vater, finanziell, als die Familie in Schwierigkeiten geriet. Aber dabei blieb es nicht. Bentham und James Mill beschlossen auch, ein Experiment am kleinen John Stuart durchzuführen. Sie beraubten ihn im Grunde einer normalen Kindheit und erzogen ihn schon früh nach dem, was sie für ein rationalistisches Ideal hielten. Als kleines Kind las John Stuart Platon und Aristoteles auf Griechisch; im Alter von sechs Jahren schrieb er eine Geschichte Roms; zur Entspannung las er Plutarch und David Humes sechsbändige *History of England*. Als er acht Jahre alt war, wurde John Stuart die Aufgabe übertragen, seine jüngeren Geschwister in Latein zu unterrichten. Wenn die Geschwister bei ihren Übersetzungen Fehler machten, wurde John Stuart mit Nahrungsentzug bestraft (Reeves 2008, Kap. 1).

Dieses pädagogische Experiment von Bentham und James Mill war zwar furchtbar, aber durchaus erfolgreich. Immerhin wurde John Stuart Mill ein bemerkenswerter Intellektueller und Politiker. Unter anderem schrieb er – stark beeinflusst von seiner Frau Harriet Taylor Mill – wichtige Bücher über den Utilitarismus, die Freiheit, die Wirtschaft und nicht zuletzt über die Unterdrückung der

Frauen. Einige Jahre nach dem frühen Tod seiner Frau im Jahr 1858 war Mill sogar Parlamentsabgeordneter. Sein politisches Ziel war die Einführung des Frauenwahlrechts. Dies sollte ihm zwar nicht gelingen. Aber seine Arbeit trug dazu bei, den Weg dafür zu ebnen, dass Frauen (zumindest die über 30-jährigen) 1918 im Vereinigten Königreich das Wahlrecht erhielten.

Für Utilitaristen wie Bentham und Mill zählt nur das größte Glück für die größte Zahl. Für sie ist das Trolley-Problem gar kein moralisches Problem, geschweige denn ein Dilemma. Im Bystander-Fall können entweder fünf Menschen oder einer getötet werden. Es ist also klar, dass die einzelne Person getötet werden soll. Im Footbridge-Fall können ebenfalls entweder fünf oder einer getötet werden. Für Bentham haben beide Fälle die gleiche moralische Struktur und verlangen daher die gleiche Lösung. Er würde selbstfahrende Autos so programmieren, dass sie immer so viele Menschenleben wie möglich retten. (Ein wichtiger zeitgenössischer Vertreter des Utilitarismus ist Peter Singer, vgl. etwa Singer 2013; Übersichten zum Konsequentialismus als Familie von Theorien finden sich bei Driver 2012 und Sinnott-Armstrong 2022.)

Ein anderer Ansatz, der mit den Urteilen, die in der Diskussion des Trolley-Problems angenommenen werden, nicht übereinstimmt, betont einen Begriff, mit dem traditionelle Utilitaristen wie Bentham Probleme haben: individuelle Rechte. Wenn man ein Recht hat, ist man eine Art „kleiner Souverän" (Hart 1982, 183). Rechte haben die Funktion, die individuelle Autonomie zu schützen und zu fördern. Sie werden als persönliche Ansprüche betrachtet, die nicht zwischen Individuen verrechnet werden können und die andere Erwägungen (wie öffentliche Interessen) übertrumpfen. Individuelle Rechte blockieren gewissermaßen die für den Utilitarismus charakteristische Verrechnung von Freude und Leid. Das wohl grundlegendste

Recht ist die Menschenwürde. Einige sind sogar der Meinung, dass es sich um ein absolutes Recht handelt, d. h. um ein Recht, das niemals eingeschränkt werden kann. Wir haben oben bereits Artikel 1 des Grundgesetzes zitiert: „Die Würde des Menschen ist unantastbar. Sie zu achten und zu schützen ist Verpflichtung aller staatlichen Gewalt." Diese Betonung von Rechten und Pflichten gibt einer ganzen Familie ethischer Theorie ihren Namen: Deontologie (von griechisch δέον, was „das Gesollte" oder „die Pflicht" bedeutet).

Der Gedanke einer besonderen Würde, die mit der Zugehörigkeit zur Gattung Mensch einhergeht und die jedem unabhängig von seiner sozialen Stellung, seinen Fähigkeiten oder persönlichen Eigenschaften zukommt, hat eine lange Tradition. Sie findet sich heute in fast allen europäischen Verfassungen – allerdings nicht im Vereinigten Königreich. Die moderne Verwendung der Menschenwürde steht vor allem in der Tradition des preußischen Philosophen Immanuel Kant, dessen sogenannter kategorischer Imperativ eine der wichtigsten Grundlagen der modernen Ethik ist. Dieser Imperativ ist kategorisch, weil er eine absolute moralische Forderung darstellt. Er sagt Ihnen, was Sie tun sollen – oder besser gesagt, was Sie nicht tun sollen –, und das in allen Situationen und unabhängig von Ihren Wünschen. Punkt. Es gibt davon keine Ausnahmen. Ein berühmtes Beispiel ist, dass man nicht lügen darf, auch nicht unter extremen Umständen. Stellen Sie sich vor, Sie verstecken in Ihrem Kleiderschrank eine völlig unschuldige Person, die von einem wütenden Mörder gejagt wird. Was, wenn nun der Mörder bei Ihnen klingelt und fragt, ob Sie wissen, wo sich sein Opfer versteckt? Nach Kant sollen Sie selbst in dieser Extremsituation die Wahrheit sagen. Schließlich soll man nicht lügen (zur Vertiefung vgl. Varden 2010; Timmermann 2000).

Hier ist eine von Kants Formulierungen des kategorischen Imperativs aus der *Grundlegung zur Metaphysik der Sitten* (1785): „Handle so, daß du die Menschheit sowohl in deiner Person, als in der Person eines jeden anderen jederzeit zugleich als Zweck, niemals bloß als Mittel brauchest" (GMS 429). Nehmen wir zum Beispiel den Footbridge-Fall: Der dicke Mann wird nur als Mittel benutzt. Man braucht ihn, um den herannahenden Trolley aufzuhalten.

Die Ethik-Kommission Automatisiertes und Vernetztes Fahren argumentiert in den Bahnen der deontologischen Ethik und hat den kantischen kategorischen Imperativ im Sinn, wenn sie im Zusammenhang mit selbstfahrenden Autos sagt, „dass die Opferung von unschuldigen Menschen zu Gunsten anderer potentieller Opfer unzulässig ist, weil die Unschuldigen zum bloßen Instrument degradiert und ihrer Subjektqualität beraubt würden" (Ethik-Kommission 2017, 18). Du sollst nicht lügen, und Du sollst den dicken Mann nicht von der Brücke stoßen. Du sollst keinen Menschen zum Opfer eines Unfalls mit einem selbstfahrenden Auto machen, nur um mehr Menschen zu retten. Und der Bericht fährt fort:

> Auch im Notstand dürfen Menschenleben daher nicht gegeneinander „aufgerechnet" werden. Nach dieser Position ist das Individuum als „sakrosankt" anzusehen; dem Einzelnen dürfen keine Solidarpflichten auferlegt werden, sich für andere aufzuopfern, auch dann nicht, wenn nur so andere Menschen gerettet werden können.

Diese Unantastbarkeit des Individuums ist der Kern der Idee der Menschenwürde. Sie blockt alle Versuche ab, Menschenleben gegeneinander abzuwägen. Die Implikationen für selbstfahrende Autos sind klar: Sie dürfen nicht so programmiert werden, dass sie immer die meisten

Menschen retten. Stattdessen darf im Microcar-Fall (ähnlich wie im Footbridge-Fall) das bemannte Microcar nicht dazu benutzt werden, den Weg des außer Kontrolle geratenen Autos zu blockieren. Insofern entspricht die Überlegung den Urteilen, die für das Trolley-Problem angenommen wurden. Auch in Situationen, die dem Bystander-Fall ähneln, wird der kantische Gedanke der Menschenwürde oft so verstanden, dass das Auto nicht ausweichen darf, sondern in die fünf Menschen hineinfahren muss, selbst wenn die größere Gruppe dadurch getötet wird (zur Vertiefung vgl. Schmidt 2022). In diesem Fall ist es aber umstritten, ob Kant dies auch so gesehen hätte. Andere argumentieren, dass der Bystander die eine Person auf dem Nebengleis gar nicht als Mittel „benutzt". Schließlich trägt sie nicht direkt zur Rettung der fünf Personen auf dem anderen Gleis bei. Man würde den Trolley auch dann – oder besser: gerade dann – auf das Nebengleis umleiten, wenn sich auf diesem keine Person befände (Kleingeld 2020; Guyer 2014; Kerstein 2013).

Es gibt eine weitere, zeitgenössische Version der Deontologie, eine Moraltheorie namens Kontraktualismus. Ihr Hauptvertreter ist der Harvard-Philosoph Thomas M. Scanlon. Die zentrale Idee des Kontraktualismus ist die einer vertraglichen Vereinbarung. Das Zusammenleben mit anderen nach Regeln, auf die man sich mit ihnen einigen kann, ist an sich schon etwas Wertvolles. Scanlon formuliert diese Idee als Prinzip der normativen Ethik wie folgt:

> Eine Handlung ist falsch, wenn ihre Ausführung unter den gegebenen Umständen nach jedem Set von Prinzipien für die allgemeine Regelung des Verhaltens verboten wäre, die niemand vernünftigerweise als Grundlage für eine informierte, ungezwungene, allgemeine Übereinkunft ablehnen könnte. (Scanlon 1999, 153; eigene Übers.)

Wie der kategorische Imperativ Kants verlangt dieses Prinzip, die Prinzipien, nach denen wir Entscheidungen treffen, zu untersuchen. Man fragt jedoch nicht, ob es möglich ist, dass jeder andere auch nach diesen Prinzipien entscheiden kann. Stattdessen fragt man, ob sie in einer freien Vereinbarung mit anderen gerechtfertigt werden können. Es ist von zentraler Bedeutung, die Einwände zu berücksichtigen, die andere Betroffene gegen die Prinzipien vorbringen würden, und sie ernst zu nehmen, so als müssten wir tatsächlich eine Einigung erzielen.

Im Rahmen des moralischen Überlegens versetzt man sich daher in die Lage jeder Person, die ein Interesse an der Entscheidung haben könnte, und prüft, welche Gründe aus ihrer Sicht für und gegen Prinzipien sprechen, die eine bestimmte Handlung erlauben würden. Wenn wir feststellen, dass es eine Person gibt, deren Gründe für die Ablehnung der Prinzipien die Gründe anderer für deren Annahme überwiegen, dann gelten diese Prinzipien als unangemessen. Wenn dies bei einer Reihe von Prinzipien der Fall ist, die eine bestimmte Handlung erlauben würden, dann ist diese Handlung moralisch falsch.

Laut Scanlon besteht eine wichtige Aufgabe der Ethik darin, deutlich zu machen, was an moralischen Forderungen tatsächlich wichtig oder bedeutsam ist. Wem oder was gegenüber sind wir eigentlich plausiblerweise verpflichtet? Utilitaristinnen antworten in der Regel, dass wir dem Gemeinwohl verpflichtet sind. Stattdessen glaubt Scanlon, wie Kant, dass die Moral uns in eine bestimmte Beziehung zu anderen setzt und dass diese Beziehung für uns von Bedeutung ist. Moralisches Denken drücke eine wechselseitige Form der Anerkennung aus. Wir behandeln einander als Wesen, die wichtige Ansprüche gegeneinander haben, was bedeutet, dass handlungsleitende Prinzipien auch im Lichte ihrer Perspektive gerechtfertigt werden können müssen – daher lautet der Titel von Scanlons wegweisendem Buch *What We Owe to Each Other* (Scanlon 1999) oder: *Was wir einander schulden.*

Aus Perspektive des Kontraktualismus beruht ein moralisches Urteil darauf, dass man sich nacheinander in die Perspektive betroffener Individuen versetzt und deren Einwände berücksichtigt. In einem solchen Prozess werden jedoch nur diese Individuen und ihre jeweiligen Einwände diskutiert. Dabei kann sich niemand auf den Gesamtverlust einer Gruppe berufen. Dieses Vorgehen führt somit zu moralischen Urteilen, die deutlich vom Utilitarismus abweichen. Scanlon demonstriert dies anhand eines viel diskutierten Beispiels, dem Übertragungsraum-Fall (Scanlon 1999, 235):

> Jones erleidet im Übertragungsraum eines Fernsehsenders einen Unfall. Elektronisches Gerät ist auf ihn gestürzt und fügt ihm andauernd extrem schmerzhafte Stromstöße zu. Um ihn zu retten, müssten wir die Fernsehübertragung für eine Viertelstunde unterbrechen. Allerdings wird gerade jetzt das Endspiel der Fußballweltmeisterschaft übertragen. Dieses Spiel wird noch eine Stunde dauern, und eine immense Zahl an Zuschauern ist auf die Übertragung dieses Senders angewiesen. Sollen wir Jones retten und ihm eine Stunde extremer Schmerzen ersparen? Dann würden wir einer großen Zahl an Zuschauern eine erhebliche Frustration bereiten. Oder sollten wir stattdessen Jones eine Stunde höllisch leiden lassen, weil es nur der Schmerz eines Einzelnen ist? (Zitiert nach einer Version von Henning 2019, 100)

Für Utilitaristen kann die Frustration der Zuschauer darüber, eine Viertelstunde verpasst zu haben, den Schmerz von Jones überwiegen. Das hängt schlicht davon ab, wie viele es sind. Wenn nur eine Person zuschaut, wird ihre Frustration die Qualen von Jones nicht überwiegen. Was aber wenn es 1000 Zuschauerinnen sind, oder 1.000.000

oder noch mehr? Das Beispiel lässt sich leicht so formulieren, dass es nicht nur zulässig, sondern aus utilitaristischer Sicht sogar notwendig ist, Jones die ganze Stunde lang leiden zu lassen. Scanlons Kontraktualismus zeichnet dagegen ein anderes Bild: Wir betrachten Jones und die Zuschauer einzeln. Die „kollektive" Frustration der fernsehenden Menge ist keine Variable, die berücksichtigt werden kann. Keine einzelne Zuschauerin kann (glaubhaft) geltend machen, dass es sie mehr schmerzt, eine Viertelstunde zu verpassen, als es Jones schmerzt, eine Stunde lang Stromschlägen ausgesetzt zu sein. Scanlons Theorie besagt nicht nur, dass wir Jones retten sollen. Sie besagt insbesondere, dass wir Jones unabhängig von der Anzahl der Zuschauerinnen retten sollen. Vielen erscheint dieses Urteil plausibel. Aber bedeutet diese Überlegung, dass die Anzahl der Personen nie zählt?

Schauen wir uns den Felsen-Fall an, bei dem eine Retterin mit einem Boot entweder das Leben einer Person retten kann, die auf einem Felsen, der aus dem Meer ragt, festsitzt, oder das Leben von fünf Personen, die auf einem zweiten Felsen festsitzen. Sie kann aber nicht das Leben aller sechs retten. Der Utilitarismus besagt, dass die Retterin im Felsen-Fall die Pflicht hat, die größere Anzahl von Personen zu retten. Im Gegensatz dazu besagt die individualistische Einschränkung des Kontraktualismus, dass jede der fünf Personen auf dem zweiten Felsen nur ihren je eigenen persönlichen Anspruch geltend machen kann, gerettet werden zu wollen. Da die Person auf dem ersten Felsen auch ihren persönlichen Anspruch geltend machen kann, gerettet zu werden, scheint der Kontraktualismus zu dem Ergebnis zu führen, dass es der Retterin erlaubt ist, entweder die vielen zu retten oder die einzelne Person.

Überraschenderweise zieht Scanlon diese Schlussfolgerung aber nicht. Er argumentiert wie folgt: Wenn wir nur zwischen zwei einzelnen Personen wählen müssten, wäre es in der Tat richtig, beide Alternativen als zulässig zu betrachten. Aber genau deshalb können sich die fünf Personen beschweren. Sie können vorbringen, es werde so getan, als ginge es auf ihrer Seite nur um eine Person. Vier von ihnen würden also so behandelt, als wären sie nicht da, als wären sie völlig unwichtig. Daher gibt es in der Tat einen berechtigten Einwand, den die Mitglieder der Gruppe vorbringen können: Es stimmt zwar, dass das Leben jedes Einzelnen nicht mehr Gewicht hat als das eines jeden anderen. Aber für jeden von ihnen sollte die Möglichkeit, dass sie gerettet werden, Gewicht haben und in die Entscheidung einfließen. Aber das geschieht nur, wenn die Anzahl als Tie-Breaker, also als ultimatives Entscheidungskriterium dient. Im Übertragungsraum-Fall kommt Scanlon schon deswegen zu einem anderen Ergebnis, weil der Schmerz, den Jones leidet, bei weitem das Leid jeder einzelnen Zuschauerin überwiegt.

Nicht alle waren von dieser Lösung überzeugt. So wurde beispielsweise argumentiert, dass die Einwände der zusätzlichen Personen auf dem zweiten Felsen nur dann zugunsten einer Pflicht zur Rettung der größeren Anzahl den Ausschlag geben können, wenn sie zusammen mit dem Anspruch einer anderen Person betrachtet werden, wodurch die individualistische Einschränkung verletzt wird (Otsuka 2006). Die Debatte darüber, wie der Kontraktualismus mit dem Anzahlproblem umgehen sollte, dauert an (Parfit 2003; Voorhoeve 2014; Fischer 2021).

Kürzlich entwickelte der deutsche Philosoph Tim Henning (2024) ein neues Argument für Scanlons Position, die größtmögliche Anzahl von Menschen zu retten. Er weist darauf hin, dass Menschen nicht nur ein Interesse daran haben, zu überleben oder nicht verletzt zu werden. Ein weiteres moralisch relevantes Interesse ist, dass sie ein Mitspracherecht bei den Prozessen haben, die zu Entscheidungen führen, die sie betreffen. In vielen

Dilemma-Situationen konkurrieren die Interessen der Einzelnen, zu überleben oder nicht verletzt zu werden. Man kann nur Person A oder Person B retten, aber nicht beide. Diese prozessbezogenen Ansprüche der einzelnen Personen konkurrieren nicht in gleicher Weise. Jeder kann sich gleichberechtigt in den Entscheidungsfindungsprozess einbringen, auch wenn das Ergebnis nicht seinen Präferenzen entspricht. Es ist daher nicht notwendig, zwischen diesen Interessen abzuwägen. Schließlich ist es hier nicht so, dass eine Person „gewinnt" und dass diese dann allein entscheidet, während die anderen überhaupt kein Mitspracherecht haben. Auf dieser Grundlage schlägt Henning vor, auf die Mehrheitsregel zurückzugreifen: „Wenn jede betroffene Person für die Option stimmt, bei der sie selbst gerettet wird, und wenn wir die Mehrheit bestimmen lassen, welche Option wir realisieren, dann werden wir zu einer Option kommen, die mindestens so viele Menschen rettet wie jede andere Option" (Henning 2024, 759).

Wie Sie sehen, herrscht unter den Vertreterinnen und Vertretern des Kontraktualismus Uneinigkeit darüber, wie das Problem der Anzahl zu lösen ist. In Kap. 4 werden wir die verschiedenen Überlegungen auf die Programmierung selbstfahrender Autos übertragen.

7 Zwischenergebnis

Das erste Gesetz der Robotik, das der Science-Fiction-Autor Isaac Asimov im Jahr 1942 einführte, verbietet es einem Roboter, einen Menschen zu verletzen. Das erste Gesetz der Ethik selbstfahrender Autos ist die Schadensvermeidung und -reduzierung. Das fast 80 Jahre später erlassene deutsche Gesetz zum autonomen Fahren (2021), das auf den Empfehlungen einer Ethik-Kommission beruht, enthält eine Bestimmung, die die

Automobilhersteller verpflichtet, ein Kollisionsvermeidungssystem zu entwickeln, das Schäden wirksam verhindert oder zumindest reduziert und das Menschen (vor Tieren und Dingen) Vorrang einräumt. In Fällen unvermeidbarer menschlicher Schäden verbietet das Gesetz, bestimmten persönlichen Merkmalen Vorrang einzuräumen. Aus dem groß angelegten *Moral Machine Experiment* haben wir jedoch gelernt, dass viele Menschen auf der ganzen Welt eine starke Präferenz haben, eher jüngere Menschen zu retten als ältere; eine etwas schwächere, aber immer noch ausgeprägte Tendenz, Menschen mit einem höheren sozialen Status zu verschonen (z. B. einen Arzt im Vergleich zu einem Kriminellen oder einen Geschäftsmann gegenüber einem Obdachlosen); ferner werden grundsätzlich Frauen gegenüber Männern bevorzugt. Und in der Tat gibt es historische Beispiele – etwa Triage oder die (ungeschriebene) Regel, bei Schiffsunglücken Frauen und Kinder zuerst zu retten –, die ein kategorisches Verbot, Menschen aufgrund persönlicher Merkmale unterschiedlich zu behandeln, zumindest fragwürdig erscheinen lassen. Wir müssen jedoch vorsichtig sein, wenn wir uns auf empirische Studien stützen. Während im *Moral Machine Experiment* viele Menschen gebeten wurden, sich zwischen einem Mann oder einer Frau, einem Kind oder einem älteren Menschen usw. zu entscheiden, wurde in anderen Studien festgestellt, dass Menschen sich gezwungen fühlen könnten, die Fragen so zu beantworten, wie sie gestellt werden, obwohl sie es eigentlich vorziehen würden, alle Menschen gleich zu behandeln.

Eine Frage blieb jedoch offen. Was soll man in Dilemma-Situationen tun, in denen zwischen einer unterschiedlichen Anzahl von Menschen entschieden werden muss? Wer soll das höhere Sterbensrisiko tragen? Eine einzelne Person oder eher eine Gruppe von drei Personen? Es stellt sich heraus, dass sowohl Rechtswissenschaftler wie

Josef Kohler als auch viele Philosophinnen, allen voran Philippa Foot und Judith Jarvis Thomson, seit langem über dieses Problem nachgedacht haben. Die berühmten Trolley-Fälle können hilfreich sein, um über die Regelung moralischer Dilemmata im Zusammenhang mit selbstfahrenden Autos nachzudenken. Einfach ausgedrückt, sind sie Experimente, die wir rein gedanklich durchführen können, um zu testen, was in der Realität das Richtige wäre. Während berühmte Philosophen wie Jeremy Bentham und Immanuel Kant gut begründete Argumente für widersprüchliche Positionen haben – immer die vielen zu retten oder niemals Menschenleben gegeneinander abzuwägen –, haben wir gesehen, dass selbst innerhalb etablierter Moraltheorien mitunter umstritten ist, welche Lösung sie empfehlen. Die Trolley-Fälle können Ihnen helfen, ein besseres Verständnis für das moralische Problem und die Vor- und Nachteile der möglichen Lösungen zu bekommen. Dies ist wichtig, denn wie wir in Kap. 4 argumentieren, sollte das, was Sie und alle anderen Betroffenen für die richtige moralische Antwort halten, in der Debatte über die Regulierung moralischer Dilemmata im Zusammenhang mit selbstfahrenden Autos mehr Beachtung finden, als dies derzeit der Fall ist.

4
Warum die öffentliche Moral relevant ist

1 Einleitung

Bisher haben wir gesehen, dass es bei selbstfahrenden Autos zu verschiedenen moralischen Dilemmata kommen kann. Aus der Diskussion zwischen den Philosophen Principia und Skeptico haben wir gelernt, dass es sehr schwierig ist, sie zu lösen. Es scheint, keiner von ihnen habe absolut Recht, und oft liefern beide sehr gute Argumente für ihre jeweilige Art, mit dem Problem umzugehen. Wir sind der Meinung, dass die Entscheidung über solch schwierige Dilemmata nicht ausschließlich Sache von Expertinnen sein sollte.

Denn wenn dem so wäre, könnte Moral nur im Elfenbeinturm der ethischen Theoriebildung gefunden werden. Dieser Gedanke kommt uns komisch vor. Vielmehr scheint uns Moral etwas mit dem zu tun zu haben, was (die Mehrheit der) Laien für richtig hält. Was Sie über moralische Dilemmata denken, ist wichtiger, als Sie vielleicht vor dem Lesen dieses Buches vermutet haben. In diesem Kapitel möchten wir Sie daher auf eine weitere Etappe unserer Reise mitnehmen. Gemeinsam werden wir untersuchen, inwiefern und auf welche Art Ihre Meinung und Ihre persönlichen moralischen Präferenzen bei der Lösung moralischer Dilemmata mit selbstfahrenden Autos eine Rolle spielen können. Aber natürlich geht es nicht nur um Sie. Wenn das, was Sie für richtig halten, eine Rolle spielen soll, ist es auch wichtig, was Ihre Nachbarn und alle anderen Betroffenen für richtig halten. Um herauszufinden, was die meisten Laien für richtig halten, werden in der Psychologie und mitunter auch in der (experimentellen) Philosophie empirische Studien durchgeführt (Grundmann u. a. 2014; Paulo und Bublitz 2020). Wieder wird das Studiendesign zur Ermittlung moralisch relevanter Präferenzen von entscheidender Bedeutung sein.

Wie wir in Kap. 2 festgestellt haben, ist es letztlich unsere Aufgabe, als Gesellschaft zu entscheiden, wie selbstfahrende Autos für Dilemma-Situationen programmiert werden sollen. Wir müssen die schwere Entscheidung treffen, wen wir retten wollen und wen wir dem Risiko aussetzen, getötet zu werden. Da diese neue Technologie uns die Möglichkeit gibt, selbstfahrende Fahrzeuge im Voraus für solche Situationen zu programmieren, ist es keine Option, keine Entscheidung zu treffen. Selbstfahrende Autos werden immer bestimmte Menschen verschonen und andere opfern, auch dann, wenn wir uns um eine Entscheidung, wer verschont und wer geopfert werden soll, drücken. Dann treffen nämlich andere diese Entscheidung für uns.

In diesem Kapitel diskutieren wir nicht nur die Relevanz dessen, was Laien über moralische Dilemmata im Zusammenhang mit selbstfahrenden Autos denken, sondern zeigen auch, wie die moralischen Präferenzen von

Laien mit der Sichtweise von einschlägigen Experten in Einklang gebracht oder kontrastiert werden können. Das Ergebnis kann als Empfehlung an diejenigen gesehen werden, die letztendlich diese Entscheidung treffen werden, nämlich die zuständigen Politikerinnen und die Beamten in den jeweiligen Fachbehörden und -ministerien. Begeben wir uns also auf die Reise.

2 Das Konzept der Moral

Das *Moral Machine Experiment* haben wir Ihnen bereits in Kap. 3 vorgestellt. Studien wie diese sind, auch wenn wir einige kritische Einwände vorzubringen hatten, die gängigste Methode, um herauszufinden, was Laien über moralische Dilemmata denken und wie sie diese lösen würden. Es gibt jedoch Kritik an solchen Studien. Principia ist keine große Freundin von Versuchen, die Position von Laien zu moralischen Dilemmata empirisch zu erforschen. In ihrer Kritik an solchen Versuchen lehnt sie jeglichen moralischen Wert von Experimenten wie der *Moral Machine* ab (Harris 2020; Paulo u. a.). Sie sieht das Hauptproblem des Experiments in einer weitreichenden Trivialisierung der relevanten Fragen, scheint es doch die entscheidenden moralischen und rechtlichen Aspekte zu ignorieren. Daher hält sie die *Moral Machine,* die Website, auf der jede über moralische Dilemmata mit selbstfahrenden Autos entscheiden kann, und andere ähnliche Experimente, schlicht für verfehlt. Nach ihrer Meinung tragen sie nicht zur ethischen Debatte und zur gesetzlichen Regelung selbstfahrender Autos bei.

Sie denkt, dass dem *Moral Machine Experiment* jedwedes fundierte Konzept von Moral fehlt. Das Problem, so stellt Principia fest, ist weniger der Versuch der Forscher, die öffentliche Moral als Grundlage rechtlicher und ethischer Vorgaben anzusehen, sondern vielmehr das reduktionistische Bild, das sie von Moral zeichnen, wobei sie deren Einbettung in einen historischen und kulturellen Prozess ignorieren. Richtig verstanden, ist die öffentliche Moral, so Principia, kein Zufallsprodukt. Vielmehr hat sie sich über einen langen Zeitraum hinweg entwickelt. Geschichte, Kunst, Literatur und jede Form von Kultur spielen eine wichtige Rolle, was bei dieser Studie anscheinend nicht berücksichtigt wurde. Die Forscher hinter dem *Moral Machine Experiment* setzten die erhobenen Präferenzen ihrer Teilnehmer einfach mit der öffentlichen Moral gleich. Nichts sei jedoch widerwärtiger als die Majorität, sagt Principia (frei nach Goethe). Die Tatsache, dass die Mehrheit eine bestimmte Position vertritt, macht weder die Erde flach (falls die Anhänger der Flat-Earth-Theorie wieder die Mehrheit stellen) noch werden unmoralische Positionen dadurch moralisch. Abstimmungen sind daher kein geeignetes Mittel, um die öffentliche Moral festzustellen.

Wie Principia meint, zielen Studien wie das *Moral Machine Experiment* darauf ab, einen differenzierten Diskurs über komplexe und kontroverse ethische Probleme durch einfache Ja-Nein-Fragen zu ersetzen, die von uninformierten Personen beantwortet werden. Für sie ist diese Methodik höchst unzuverlässig: Öffentliche Moral ist in diesem Zusammenhang nichts anderes als die Ansammlung uninformierter Präferenzen von Studienteilnehmerinnen, die vor ihren Computern sitzen und einfach „ja" oder „nein" anklicken, meist blitzschnell und unüberlegt, als wäre es ein Computerspiel. Daher sei das Experiment nicht nur *a*moralisch, sondern sogar *un*moralisch. Es fördere einen vereinfachten und damit falschen Eindruck von der öffentlichen Moral, indem es moralische Urteile als bloß affektive individuelle Entscheidungen darstelle.

4 Warum die öffentliche Moral relevant ist

Wie Skeptico weiß, ist Jean-François Bonnefon, einer der Architekten des *Moral Machine Experiments,* anderer Meinung. Skeptico erklärt, dass in Bonnefons Buch die Gründe und der Kontext für das Experiment dargelegt werden. Es ging nicht darum, mittels einer simplen Befragung der Öffentlichkeit zu entscheiden, was unterm Strich getan werden soll. Mit Bezug auf die deutsche Ethik-Kommission heißt es etwa: „Es ist nichts falsch daran, gut informierten Fachleuten zu vertrauen, aber es ist bedauerlich, dass die Bürgerinnen und Bürger nicht die Möglichkeit hatten, ihre Präferenzen zu äußern, insbesondere wenn die Fachleute untereinander uneins waren" (Bonnefon 2021, 71; eigene Übers).

Es ist natürlich eine große und schwierige Frage, was Moral eigentlich ist, und es ist nicht anzunehmen, dass unsere beiden philosophischen Charaktere in dieser Frage einen gemeinsamen Nenner finden werden. Der Vorwurf, Moral könne nicht mit Hilfe eines Experiments wie der *Moral Machine* ermittelt werden, hängt ebenso sehr von der Beantwortung dieser begrifflichen Frage ab wie von dem Experiment selbst. Sind relevante Überlegungen zur Moral nur im Elfenbeinturm der ethischen Theoriebildung zu finden oder hängt Moral (auch) damit zusammen, was die Mehrheit der Laien für richtig hält? Diese Frage ist auch innerhalb der Philosophie umstritten. Wenn tatsächlich die öffentliche Moral, so wie wir sie hier verstehen, eine Rolle spielt, dann kommt es auf das Design der Studien zur Ermittlung moralisch relevanter Präferenzen an. Schließlich werden in den Studien die moralischen Präferenzen von Individuen erhoben, die dann aggregiert die öffentliche Moral ergeben. Es ist zwar richtig, hohe methodische Standards zu fordern, insbesondere bei der Untersuchung moralischer Präferenzen. Aber man darf es sich auch nicht zu leicht machen und prinzipiell alle

Experimente, die Aufschluss über die öffentliche Moral geben wollen, einfach ignorieren.

Zwar stimmt zweifelsohne, dass Mehrheiten nicht immer und überall moralisch richtige Urteile fällen. Dies bedeutet jedoch nicht, dass sie sicher oder auch nur mit großer Wahrscheinlichkeit falsche moralische Urteile treffen. Ebensowenig wie Mehrheiten sind Urteile von Einzelpersonen Garanten dafür, herauszufinden, was moralisch richtig ist – und das gilt auch für Moralphilosophinnen. Principia scheint ein Konzept der Moral zu befürworten, das voraussetzt, dass ein gewisses Maß an Fachwissen oder zumindest eine ausreichende Informiertheit Voraussetzung dafür ist, moralische Fragen richtig beurteilen zu können. Sie kritisiert das *Moral Machine Experiment,* weil es uninformierte und unüberlegte Präferenzen berücksichtigt. Bonnefon wiederum meint, dass das Ignorieren der moralischen Präferenzen von Laien nicht gerechtfertigt ist. Insbesondere dann nicht, wenn diese Positionen im Widerspruch zu den Meinungen von Expertinnen stehen. Wäre es nicht besser, auch die öffentliche Moral zu berücksichtigen, anstatt sich ausschließlich auf Experten zu verlassen?

Neuere empirische Erkenntnisse darüber, wie Moralphilosophen zu ihren Ansichten kommen (für einen Überblick Vgl. Horvath und Koch 2021; Paulo 2020), zeigen, dass sie trotz ihrer unbestrittenen Expertise anscheinend grundsätzlich für die gleichen Verzerrungen und Denkfehler anfällig sind, die das Denken aller Menschen beeinträchtigen, selbst innerhalb ihres Fachgebiets. Und solche Fehler sollen sicherlich nicht in die ethische Entscheidungsfindung einbezogen werden. Andere Studien legen nahe, dass Philosophen ebenso wie alle anderen Menschen dazu neigen, zu unterschätzen, wie leicht ihre Urteile durch irrelevante Faktoren wie das bloße Framing von Problemen oder die Reihenfolge, in der bestimmte

Szenarien präsentiert werden, verzerrt werden können. So beurteilen selbst professionelle Philosophen die Trolley-Fälle unterschiedlich je nachdem, ob in dem Szenario ausdrücklich gesagt wird, dass die potentiellen Opfer „getötet" werden, oder ob nur die Rede davon ist, wer „gerettet" wird. Sie beurteilen die Fälle auch anders, wenn sie zuerst den Bystander- und dann den Footbridge-Fall beurteilen sollen, als wenn ihnen die Fälle in der anderen Reihenfolge präsentiert werden.

Wir können also festhalten, dass Principias Argumente für eine völlige Ablehnung *des Moral Machine Experiments* (und ähnlicher Studien) nicht überzeugend ist. Die Untersuchung der öffentlichen Moral ist jedoch ein sensibles Thema, das eine kritische Bewertung der methodischen Ansätze empirischer Studien erfordert. Während wir bezüglich der großen Moraltheorien auf Jahrhunderte von ausgefeilten Diskussionen zwischen großen Philosophinnen und Philosophen zurückgreifen können, ist die Erforschung der öffentlichen Moral noch ein relativ junges Unterfangen. Deshalb brauchen wir vernünftige Methoden, um sowohl der öffentlichen Moral als auch der traditionellen Moraltheorie Rechnung zu tragen.

3 Die praktische Relevanz der öffentlichen Moral

Aber inwiefern kann die öffentliche Moral für die Regulierung selbstfahrender Autos relevant sein? Diese Frage stellt sich nicht nur Principia. Die Forschergruppe hinter dem *Moral Machine Experiment* diskutiert die mögliche Relevanz am Beispiel der Präferenz, eher Kinder als ältere Menschen zu retten:

> Die Politik soll nicht zwangsläufig der öffentlichen Meinung [*public opinion*] folgen und selbstfahrende Fahrzeuge müssen nicht bevorzugt Kinder verschonen [...]. Aber angesichts der starken Präferenz für die Verschonung von Kindern müssen sich die politischen Entscheidungsträgerinnen einer doppelten Herausforderung bewusst sein, wenn sie beschließen, Kindern keinen Sonderstatus einzuräumen: der Herausforderung, die Gründe für eine solche Entscheidung zu erklären, und der Herausforderung, mit der starken Gegenreaktion umzugehen, die unweigerlich auftreten wird, sobald ein selbstfahrendes Fahrzeug in einer Dilemma-Situation Kinder opfert. (Awad u. a. 2018, 60; eigene Übers.)

Und sie sind nicht die Einzigen, die glauben, dass Erkenntnisse über die Präferenzen der Betroffenen relevant sind. In der Tat halten auch einige Philosophinnen sie für äußerst wichtig. Skeptico verweist beispielsweise auf David Miller. Miller vertritt die Auffassung, dass jede Gerechtigkeitstheorie „zum Teil anhand ihrer Übereinstimmung mit Erkenntnissen über alltägliche Vorstellungen von Gerechtigkeit geprüft werden sollte" (Miller 1999, 51; eigene Übers.). Principia zweifelt jedoch immer noch an dem Sinn, die Überzeugungen von Laien zu berücksichtigen. Es gibt praktische und theoretische Gründe dafür, antwortet Skeptico.

Beginnen wir mit den praktischen Gründen, die das eigentliche Wesen der Arbeit von Moralphilosophen betreffen. Wie Miller es ausdrückt:

> Das eigentliche Ziel normativer Theorienbildung, wie sie in der Philosophie betrieben wird, besteht darin, praktische Orientierungshilfen in moralischen oder politischen Fragen zu geben. Wenn eine solche Theorie präsentiert wird, müssen die darin enthaltenen Prinzipien daher so beschaffen sein, dass die Menschen sie tatsächlich annehmen

und danach handeln können. Aber wenn dem so ist, müssen sie für die relevanten Akteurinnen zugänglich sein, was bedeutet, dass es zumindest eine Brücke zwischen diesen Prinzipien und den Überzeugungen (bspw. über Gerechtigkeit), die die Menschen bereits haben, geben muss. [...] Daher ist es wichtig, herauszufinden (zumindest als Ausgangspunkt), worin diese Überzeugungen tatsächlich bestehen. (Miller 2020, 274; eigene Übers.)

Das mag selbstverständlich klingen. Es ist jedoch umstritten, in welchem Verhältnis akademische normative Theoriebildung und praktische Anwendungen stehen. Philosophinnen können ihre normativen Argumente im öffentlichen Diskurs vorbringen – aber wenn sie dies tun, ist ihre Rolle im Wesentlichen die gleiche wie die anderer Bürger. Skeptico fährt fort: Der Anspruch der Philosophen, über besondere Expertise zu verfügen, scheint darauf beschränkt zu sein, die öffentliche Diskussion zu unterstützen, beispielsweise indem sie bei der Formulierung von Prinzipien und Richtlinien helfen, auf deren Implikationen hinweisen, Kritik vorbringen oder weitere Argumente und Rechtfertigungen anbieten. Ihre Aufgabe besteht jedoch nicht darin, den öffentlichen Diskurs zu dominieren oder gar den Bürgerinnen die richtige Moral zu oktroyieren.

Skeptico betont, dass selbst für diejenigen Philosophinnen, die die öffentliche Moral für relevant halten, die Relevanz nicht so weit geht, dass die öffentliche Moral allein entscheidet, was getan werden soll. Principia zweifelt noch immer und fragt: Was ist aber mit verbreiteten Präferenzen, die die Politik definitiv nicht beeinflussen sollten? Nehmen wir z. B. Studien, die zeigen, dass Menschen Mitglieder ihrer eigenen ethnischen Gruppe gegenüber denen anderer Ethnien stark bevorzugen (Swann u. a. 2010; Cikara u. a. 2010). Ist das öffentliche Moral?

Darüber hinaus ist es sehr wahrscheinlich, dass ähnliche Muster auch bei anderen Formen der Diskriminierung existieren, sagt Principia. Man stelle sich nur vor, wie die Präferenzen gläubiger Menschen gegenüber Ungläubigen aussehen (oder andersherum). Dieser Gedanke ließe sich noch weiter ausführen. Lassen Sie Ihrer Fantasie freien Lauf! Die Sorge ist also, dass Menschen tatsächlich nicht nur moralisch wertvolle Präferenzen haben und dass die Berücksichtigung dessen, was sie wirklich denken, zu Diskriminierung und damit zu schlechten Entscheidungen führen könnte. Skeptico kann dem nur zustimmen. In der Tat, sagt er, es ist wichtig, anzuerkennen, dass es nur der Anfang philosophischer Arbeit sein kann, herauszufinden, was die Menschen denken. Aber er bittet Principia, geduldig zu sein, während er versucht zu erklären, was Philosophinnen auf dieser Grundlage machen können, ohne sich auf die Rolle der Meinungsforscher zu beschränken. Wir können tatsächlich voreingenommene und diskriminierende Präferenzen herausfiltern – davon ist Skeptico überzeugt.

4 Wie die öffentliche Moral mit Moraltheorien in Einklang gebracht werden kann – die CREP-Methode

Skeptico verweist erneut auf den Philosophen David Miller, der eine Methode namens Überlegungsgleichgewicht *(reflective equilibrium)* verwendet, um die moralischen Präferenzen von Laien mit klassischen Moraltheorien zu verbinden, wie sie von Philosophinnen entwickelt wurden (zu Millers Methode Vgl. Pölzler 2023). Das Überlegungsgleichgewicht wurde von John Rawls, einem der einflussreichsten Philosophen des 20. Jahrhunderts, entwickelt. In seinem 1971 erschienenen, bahnbrechenden Buch *Eine Theorie der Gerechtigkeit* hat er sich vorgestellt, dass man versucht, einen Zustand des Gleichgewichts zwischen allen relevanten Überlegungen zu erreichen. Das funktioniert wie folgt. Man vergewissert sich seiner eigenen Überzeugungen – in der Philosophie redet man in diesem Kontext meist von Intuitionen (McMahan 2013) – in Bezug auf bestimmte moralische Probleme oder Einzelfälle. Diese versucht man nun mit den moralischen Prinzipien, die man für wahr hält, in Einklang zu bringen. In dem Prozess dieser Systematisierung werden Intuitionen, die Prinzipien widersprechen ebenso überdacht, verfeinert oder verworfen, wie Prinzipien, die Intuitionen oder anderen Prinzipien widersprechen. Dieser Prozess wird so lange durchgeführt, bis die Gesamtheit der Intuitionen und Prinzipien, die man für richtig hält, kohärent, also ohne Widersprüche ist und sich gegenseitig so gut wie möglich stützt.

Die für diese Methode relevanten Intuitionen, sind keine bloßen Ahnungen oder ein Bauchgefühl. Vielmehr beruht das Überlegungsgleichgewicht auf einer bestimmten Art von wohlüberlegten Urteilen, nämlich solchen, die sich im Vollzug des alltäglichen Lebens entwickeln. Es geht um Urteile zu Problemen, mit denen die Menschen vertraut sind und über die sie nachdenken konnten (Rawls 1951, 182). Darüber hinaus leiten sich diese Urteile nicht aus allgemeinen moralischen Prinzipien ab. Mit anderen Worten: Diese Intuitionen sind reflektierte Urteile über bestimmte Fälle; die betreffenden Personen müssen fest davon überzeugt sein, dass sie richtig liegen, z. B. weil sie über alle relevanten Informationen verfügten und die Möglichkeit hatten, in verschiedenen Situationen und unter günstigen Umständen (ohne Ablenkung, Aufregung oder Wut etc.) darüber nachzudenken. Intuitionen dürfen nicht aus Prinzipien abgeleitet werden, ihr epistemisches Gewicht liegt also in ihrer unmittelbaren Überzeugungskraft – nicht in abstrakten Theorien. Jedoch ist das, was Rawls vorschlägt, auf eine einzelne Person beschränkt. Avner de Shalit nennt es daher auch „privates Überlegungsgleichgewicht" (de Shalit 2020, 15). Es ist also eine Methode, die man als Philosophin selbst und allein durchführt. Zwar mag man berücksichtigen, was andere Philosophinnen gesagt oder geschrieben haben, aber die öffentliche Moral spielt im „privaten Überlegungsgleichgewicht" keine Rolle.

Genau diese Limitierung auf das „Private" hat der Philosoph Michael Walzer kritisiert und eine Variante des Überlegungsgleichgewichts vorgeschlagen, die als „kontextuell" bezeichnet wird (de Shalit 2020, 16). Der Kontext, den Walzer einbezieht, sind die sozialen Praktiken einer konkreten Gemeinschaft, die sich in den Überzeugungen der Mitglieder der Gemeinschaft widerspiegeln (Walzer 1994).

Im Unterschied zu Walzer hat Miller einen universalistischen Anspruch. Für ihn sind empirische Erkenntnisse darüber, was Laien denken, im Überlegungsgleichgewicht relevant, da sie Aufschluss darüber geben können, welche Gerechtigkeitsprinzipien sie befürworten. Dies wiederum kann dabei helfen, zu beurteilen, inwieweit die eigenen Urteile über Gerechtigkeit als Intuitionen im Überlegungsgleichgewicht gelten können. Wenn das eigene Urteil in einem bestimmten Fall im Widerspruch zu weit verbreiteten Gerechtigkeitsprinzipien steht, wäre dies ein Grund, sich zu fragen, ob das eigene Urteilsvermögen wirklich ausreichend zuverlässig ist. Möglicherweise ist es zu stark durch die eigene kulturelle oder soziale Position geprägt. Denken Sie nur an die Forschung des Anthropologen Joseph Henrich, der nachweisen konnte, dass Menschen des einen Kulturraums manche Handlungen anders bewerten als Menschen eines anderen Kulturraums – konkreter: dass Menschen aus dem, was oft ‚Westliche Welt' genannt wird, anders urteilen als Menschen aus dem Rest der Welt. Die erste Gruppe ist – gemessen an der Weltbevölkerung – vergleichsweise klein, stellt aber einen weit überwiegenden Teil der Population dar, die an Studien in der Psychologie und anderen Kognitionswissenschaften teilgenommen haben. Henrich nennt diese Gruppe „WEIRD" („merkwürdig") – ein Akronym, das für Menschen steht, die aus der *W*estlichen Welt stammen, gut gebildet (*e*ducated) sind, in der *i*ndustrialisierten Welt leben, im Vergleich zum Rest der Welt *r*eich sind und in *d*emokratischen Gesellschaften leben (Henrich 2022). Skeptico nennt ein Beispiel: Die meisten WEIRD-Menschen halten es für moralisch falsch, für einen engen Freund zu lügen, der das Tempolimit überschritten hat, nur um ihm zu helfen, eine Strafe zu vermeiden. Für die meisten Menschen im Rest der Welt scheint es wichtiger zu sein, einem engen Freund gegenüber loyal zu sein, als ein abstraktes Konzept von Ehrlichkeit und Verantwortung zu verfolgen. Es sollte also geprüft werden, ob bestimmte Urteile auf Prinzipien beruhen, die vertreten werden, weil jemand WEIRD ist. Denn eine solch enge Verbindung zwischen Moralurteil und Herkunft ist natürlich alles andere als ideal, wenn man nach universellen Prinzipien sucht.

Vielleicht von Miller inspiriert, hat eine Gruppe von Ethikern eine nützliche Methode vorgeschlagen, die sowohl die öffentliche Moral als auch die traditionelle Moraltheorie berücksichtigt. Was sie in Anlehnung an Rawls als „Collective Reflective Equilibrium in Practice" – oder: CREP – bezeichnen, könnte ein gemeinsamer Nenner zwischen Skeptico und Principia sein. Sie erklären die Gründe für die CREP-Methode wie folgt:

> Wir können unsere Politik nicht einfach auf die stärksten moralischen Präferenzen der Bevölkerung [*public intuitions*] stützen, aber wir können diese auch nicht einfach zugunsten einer Politik von oben herab ignorieren. Die Herausforderung besteht also darin, einen Weg zu finden, ethische Theorie und Erkenntnisse über die öffentliche Moral in Einklang zu bringen und gleichzeitig die mit beiden verbundenen Risiken zu minimieren. (Savulescu u. a. 2021, 656; eigene Übers.)

Die Methode zielt darauf ab, eine Kombination aus von Philosophen entwickelten Moraltheorien einerseits und empirischen Erkenntnissen über unter Laien verbreitete moralische Präferenzen andererseits zu erstellen. Es gibt nicht nur praktische Gründe, solche Präferenzen zu berücksichtigen. Sie können auch eine Rechtfertigung für moralische Ansichten und auf diesen Ansichten basierende Entscheidungen liefern, denn die Tatsache, dass eine moralische Ansicht weit verbreitet ist, spricht für diese Ansicht, ebenso wie die Tatsache, dass sie von Angehörigen verschiedener Kulturen vertreten wird (Huemer 2008). Schließlich sind dies nützliche Heuristiken, um sicherzustellen, dass die moralischen Ansichten einer Person nicht kulturell voreingenommen sind. Das Beispiel, das den Unterschied zwischen WEIRD-Menschen und dem Rest der Welt zeigt, war nur eine Illustration der vielen existierenden kulturellen Unterschiede. Deshalb müssen wir sehr vorsichtig sein, wenn empirische Studien universelle Ergebnisse zu zeigen behaupten. Wenn Sie jedoch feststellen, dass Ihre moralischen Präferenzen in Bezug auf ein bestimmtes Problem im Widerspruch zu den moralischen Präferenzen der überwältigenden Mehrheit der Menschen weltweit stehen, ist dies ein Grund, Ihre Präferenzen (ergebnisoffen) zu überdenken, wenn Sie an einer universalistischen Lösung interessiert sind.

Das normale, von Rawls entwickelte Überlegungsgleichgewicht wird individuell durchgeführt. Jede Philosophin versucht, den Zustand des Überlegungsgleichgewichts zwischen ihren („privaten") moralischen Intuitionen und abstrakteren Prinzipien zu erreichen. Die CREP-Methode hingegen beschreibt ein kollektives Unterfangen. CREP geht nicht von der Intuition einer einzelnen Person über bestimmte moralische Probleme oder bestimmte Fälle aus. Stattdessen werden Daten aggregierter moralischer Präferenzen, also das, was wir öffentliche Moral nennen, herangezogen.

Principia stellt zunächst fest, dass ihre moralischen Präferenzen und die anderer Menschen sich möglicherweise stark von dem unterscheiden, was Rawls für seine Methode im Sinn hatte. Die Kriterien, die er für das standardmäßige Überlegungsgleichgewicht festlegte, sind sehr streng. Er verlangt, dass die Überzeugungen, die ins Überlegungsgleichgewicht eingehen, unter günstigen Bedingungen gebildet werden. Sicherlich haben sich nur sehr wenige Menschen, die mit dem *Moral Machine Experiment* ‚gespielt' haben, Zeit genommen und gründlich durchdachte Urteile abgegeben. Skeptico stimmt zu: Das ist wahr, aber das bedeutet nicht, dass die in empirischen Studien gesammelten Präferenzen wertlos sind. Der Input muss zuverlässig sein. Anderenfalls ist das Ergebnis der Methode nutzlos. Rawls suchte nach einer Möglichkeit, unreflektierte Schnellschüsse zu vermeiden.

Psychologen haben eine sehr strenge Methodik entwickelt, um sicherzustellen, dass ihre Daten reproduzierbar sind. Das bedeutet, dass man bei einer Wiederholung („Replikation") der Studie die gleichen Ergebnisse erhält. Das klingt vielleicht trivial, ist es aber leider nicht. Dies verdeutlicht ein kurzer Blick auf die jüngere Vergangenheit: In den frühen 2010er Jahren erschütterte die sogenannte *replication crisis* die psychologische Forschung (und später andere Forschungsbereiche, die auf empirischen Studien basieren), da die überwiegende Mehrheit der in renommierten Fachzeitschriften veröffentlichten Studien von anderen Forscherinnen nicht repliziert werden konnte. Dies ließ Zweifel an der Zuverlässigkeit solcher Untersuchungen aufkommen. Die Krise hat jedoch auch zu einer deutlichen Verbesserung der verwendeten Methoden und der Transparenz des Prozesses geführt – einige sprechen sogar von einer „Glaubwürdigkeitsrevolution" (Vgl. z. B. Korbmacher u. a. 2023).

Wenn Forschende bspw. den Anspruch haben, moralische Präferenzen zu ermitteln, die für alle Menschen repräsentativ sind, muss die Stichprobe hinreichend groß sein. Ferner ist es nicht ausreichend, eine Studie nur mit jungen Teilnehmern durchzuführen, sondern es sollten junge und ältere Teilnehmer einbezogen werden. Denken Sie an das moralische Dilemma, ob ein selbstfahrendes Auto junge oder ältere Menschen retten sollte. Das Ergebnis wird wahrscheinlich anders ausfallen, wenn Sie eine Studie nur mit älteren Teilnehmern durchführen. Ein weiterer Punkt ist, dass es wichtig ist, unzuverlässige Präferenzen auszusortieren, die anfällig für irrelevante und potenziell störende Faktoren sind.

In den 1970er Jahren führten die Psychologen Amos Tversky und Daniel Kahneman den Begriff „kognitive Verzerrung" (Tversky und Kahneman 1974) ein und erklärten, dass Menschen vereinfachende Verfahren anwenden, um die Komplexität bei der Entscheidungsfindung zu reduzieren. Das ist zwar in der Regel sinnvoll, kann aber dazu führen, dass sie schwerwiegende und systematische Fehler begehen. Nehmen wir nur das erste der von Tversky und Kahneman präsentierten Beispiele, die sog. Repräsentativitätsheuristik: „Steve ist sehr schüchtern und zurückgezogen, stets hilfsbereit, hat aber nur geringes Interesse an Menschen oder an der realen Welt. Er ist ein sanftmütiger und umsichtiger Mensch, der Ordnung und Struktur braucht und eine Leidenschaft für Details hat." Nun bitten wir Sie, sich eine Minute Zeit zu nehmen, die Beschreibung noch einmal zu lesen und dann zu überlegen, welchen der folgenden Berufe Steve wahrscheinlich ausübt: Ist Steve Landwirt, Verkäufer, Linienpilot, Bibliothekar oder Arzt? Bitte nehmen Sie sich einen Moment, um die Berufe nach der Wahrscheinlichkeit, dass Steve sie ausübt, zu sortieren.

Sind Sie fertig? In welche Reihenfolge haben Sie die Berufe gebracht? Steht der Bibliothekar ganz oben auf Ihrer Liste? Wenn ja, dann haben Sie gerade ein Beispiel der Repräsentativheuristik am eigenen Leib erfahren: Die Ähnlichkeit der Beschreibung von Steve mit dem Stereotyp eines Bibliothekars hat Ihre Entscheidung zu stark beeinflusst. Wie Tversky und Kahneman erklären, sollte „[d]ie Tatsache, dass es in der Bevölkerung viel mehr Landwirte als Bibliothekare gibt, in jede vernünftige Schätzung der Wahrscheinlichkeit einfließen, dass Steve ein Bibliothekar und kein Landwirt ist." Die Wahrscheinlichkeit, dass Steve ein introvertierter Landwirt oder Verkäufer ist, ist viel höher als die, dass er introvertierter Bibliothekar ist. Seit den 1970er Jahren wurden eine ganze Reihe demografischer Faktoren und kognitiver Verzerrungen entdeckt, die für die Form von empirischer Untersuchung, die wir hier vor Augen haben, irrelevant und potenziell störend sind.

Lassen Sie uns mit den demografischen Faktoren fortfahren. Einige Studien weisen auf Unterschiede bei Reaktionen auf die oben diskutierten Trolley-Fälle hin, die mit dem *Geschlecht* der Testpersonen zu tun haben (Petrinovich u. a. 1993; Zamzow und Nichols 2009). Männer neigen bspw. eher zu utilitaristischen Antworten. Sie halten es also für zulässig, Schaden zu verursachen, um größeren Schaden zu verhindern (Fumagalli u. a. 2010; Friesdorf u. a. 2015). Auch *Persönlichkeitsmerkmale* scheinen eine

Rolle zu spielen: So wurde festgestellt, dass der Wert, den eine Person auf einer Psychopathie-Skala hat, teilweise ihre moralischen Urteile in schwierigen Fällen vorhersagt (Bartels und Pizarro 2011). Gleichgerrcht und Young (2013) stellten fest, dass Menschen, die auf Trolley-Fälle utilitaristisch reagieren, weniger Empathie besitzen als Menschen, die dies nicht tun. Banerjee, Huebner und Hauser (2010) zeigen, dass *Religiosität und politische Orientierung* Auswirkungen auf moralische Urteile in einer Vielzahl von Dilemmata haben. Einige Studien fanden keine Unterschiede in Bezug auf *kulturelle Unterschiede* zwischen den Testpersonen (Hauser u. a. 2007; Abarbanell und Hauser 2010). Andere Experimente kamen jedoch zu dem Schluss, dass es sehr wohl kulturelle Unterschiede gibt. Ahlenius und Tännsjö (2012) berichten beispielsweise, dass amerikanische, russische und chinesische Testpersonen systematisch unterschiedlich auf Varianten der Trolley-Fälle reagierten. Gold, Colman und Pulford (2014) berichten von ähnlichen Effekten bei britischen und chinesischen Testpersonen.

Die Liste ist damit noch nicht zu Ende. Auch kognitive Verzerrungen müssen berücksichtigt werden. Die *Stimmung* der Befragten scheint ihre Antworten zu beeinflussen (Valdesolo und DeSteno 2006). Sie neigen dazu, bei einer (bspw. durch das Ansehen eines lustigen Videos) induzierten positiven Stimmung anders zu reagieren als in neutraler Stimmung (Strohminger u. a. 2011). Wenn die Antwort je nach Reihenfolge, in der zwei oder mehr Fälle präsentiert werden, variiert, spricht man von einem *Reihenfolgeeffekt*. Das heißt, Testpersonen reagieren unterschiedlich in Bezug auf zwei Fälle, A und B, je nachdem, in welcher Reihenfolge sie diese sehen (Wiegmann u. a. 2012). Petrinovich und O'Neill (1996) stellten fest, dass *Framing-Effekte* erhebliche Auswirkungen haben können: Testpersonen reagieren unterschiedlich auf Trolley-Fälle, wenn sie in Bezug auf die „Rettung" einer Person im Vergleich zur „Tötung" von fünf Personen formuliert werden. Das heißt, ein erheblicher Teil der Urteile der Testpersonen variiert je nach Formulierung der Szenarien. Schließlich scheint die *Sprache* eine Rolle zu spielen. Menschen reagieren unterschiedlich auf Szenarien, je nachdem, ob diese in ihrer Muttersprache oder in einer Fremdsprache, die sie beherrschen, präsentiert werden (Costa u. a. 2014).

Diese lange Liste ist keineswegs vollständig, und es ist sehr wahrscheinlich, dass einige Verzerrungen noch nicht entdeckt worden sind. Wie kann man angesichts all dessen noch sagen, dass die moralischen Präferenzen von Laien eine Rolle spielen sollten? Nun, man denke an die CREP-Methode, die die hier aufgelisteten Verzerrungen berücksichtigt und die Notwendigkeit, unzuverlässige Präferenzen herauszufiltern, explizit thematisiert. Wenn Präferenzen mit demografischen Faktoren oder den eben erwähnten kognitiven Verzerrungen variieren, sollten sie im CREP-Modell nicht berücksichtigt werden, da sie unzuverlässig sind. Wie die Liste der potenziellen Störfaktoren zeigt, spielen viele dieser Faktoren in den Trolley-Fällen eine Rolle. Mit anderen Worten, wenn Menschen gebeten wurden, ihre Urteile zu verschiedenen Versionen von Trolley-Fällen anzugeben, variierten ihre Antworten je nach Geschlecht, Persönlichkeit, Religiosität und politischer Orientierung, Kultur, Reihenfolge und Framing. Dies deutet darauf hin, dass wir uns bei Trolley-Fällen wirklich nicht einfach auf die Präferenzen von Laien verlassen sollten. Und da wir argumentiert haben, dass es starke Ähnlichkeiten zwischen der Programmierung von selbstfahrenden Autos für unvermeidbare Unfälle und Trolley-Fällen gibt, liegt der Gedanke nahe, dass sich die Unzuverlässigkeit auf die Ergebnisse über die öffentlichen Präferenzen in Bezug auf selbstfahrende Autos auswirkt. Man kann jedoch unzuverlässige moralische Präferenzen ausschließen, so dass nur zuverlässige Präferenzen in das CREP-Modell Eingang finden.

Die zentrale Frage ist, ob Studien gut konzipiert sind oder nicht. Angesichts der Fülle an bekannten Verzerrungen und methodologischen Problemen müssen wir sicherstellen, dass wir möglichst nur Studien heranziehen, die den höchsten wissenschaftlichen Standards entsprechen. Die oben aufgeführten demografischen Faktoren und kognitiven Verzerrungen wurden intensiv untersucht und sind in Psychologie und (experimenteller) Philosophie bekannt. Es wird erwartet, dass neue Studien so konzipiert werden, dass diese Einflüsse vermieden werden – sonst hat man keine Aussicht auf Veröffentlichung in einer angesehenen Fachzeitschrift.

Okay, klar, sagt Principia, aber ist es nicht so, dass das *Moral Machine Experiment,* über das wir gesprochen haben, in dieser Hinsicht einige wichtige Mängel aufweist? Wie wir gerade gesehen haben, sind demografische Faktoren wichtig. Wenn ich es richtig verstanden habe, ist der Datensatz dieses Experiments aber nicht repräsentativ, weil primär Männer in ihren 20ern und 30ern befragt wurden. Spiegeln die Ergebnisse also lediglich die Vorlieben junger Männer wider? Dann können sie nicht als universell gelten. Das ist ein guter Punkt, sagt Skeptico. Die Forscher untersuchten jedoch auch die Relevanz der Demografie in ihren Ergebnissen und stellten fest, dass sie tatsächlich keinen nennenswerten Einfluss hat (Awad u. a. 2018, 60). Zumindest die Demografie scheint die Ergebnisse also nicht übermäßig beeinflusst zu haben.

Aber was ist mit dem Framing-Effekt, fragt Principia? Nun, antwortet Skeptico, die Studie stützte sich sowohl auf schriftliche Beschreibungen als auch auf bildliche Darstellungen der Dilemma-Situationen. Einige Testpersonen verwendeten nur schriftliche Beschreibungen und andere nur bildliche Darstellungen. Zwischen den Gruppen wurde aber kein Unterschied festgestellt. Um Framing-Effekte auszuschließen, wurden in der schriftlichen Version die Szenarien und Antwortoptionen in den gleichen (fast identischen) Begrifflichkeiten formuliert.

Gut, sagt Principia, aber ich erinnere mich an die Arbeit der Psychologen Bigman und Gray (2020), die untersuchten, ob die Antworten der Befragten anders ausfallen, wenn neben der ausschließlichen Möglichkeit, entweder A oder B zu töten, eine dritte Option hinzugefügt würde. Haben sie die Teilnehmerinnen nicht zuerst gefragt, ob das Auto so programmiert werden sollte, dass es A tötet, B tötet oder das Leben von A und B gleich behandelt? Diese Formulierung könnte zu einem Framing-Effekt führen, da die Formulierung „töten" sich sehr von der Formulierung „gleich behandeln" unterscheidet. Letzteres klingt viel ansprechender. Ich würde Menschen lieber gleich behandeln, als sie zu töten. Ja, das stimmt, antwortet Skeptico. Aber um diesen Framing-Effekt zu vermeiden, der in einer ihrer Studien tatsächlich aufgetreten sein könnte, haben Bigman und Gray die Antwortmöglichkeiten umformuliert und eine neue Umfrage durchgeführt. Diese unterliegt diesem Effekt nicht, zeigt aber die gleichen Hauptergebnisse. Hinsichtlich des Framing-Effekts besteht also kein Grund zur Sorge.

Um einer weiteren kritischen Bemerkung von Principia zuvorzukommen, fügt Skeptico hinzu, dass es unerlässlich ist, die Reihenfolge, in der die verschiedenen Versionen von moralischen Dilemmata vorkommen, dem Zufall zu überlassen. Auf diese Weise können Reihenfolgeeffekte das Ergebnis nicht beeinflussen. Sowohl das *Moral Machine Experiment* als auch die Studie von Bigman und Gray folgten natürlich diesem Gebot.

Für valide Studien ist ferner wichtig, die bekannten und potenziell störenden demografischen Faktoren sowie kognitive Verzerrungen zu vermeiden. Sicher, keine Studie ist perfekt, und sehr wahrscheinlich werden wir zukünftig weitere Faktoren und Verzerrungen entdecken, die Entscheidungen auf eine Weise beeinflussen, die es zu vermeiden gilt. Dennoch haben wir schon jetzt klare Kriterien dafür, wie gut eine Studie in Bezug auf potenziell störende Faktoren konzipiert ist. Die CREP-Methode verwendet diese Kriterien, um zuverlässige von unzuverlässigen moralischen Präferenzen zu unterscheiden.

Der Überprüfungsprozess kann auch Vergleiche zwischen den genannten und den tatsächlichen Präferenzen bzw. Fähigkeiten beinhalten. Manchmal spiegeln Umfragedaten nicht richtig wider, was Menschen tatsächlich tun. So zeigen Studien beispielsweise, dass weniger als 45 % der schwangeren Frauen angeben, dass sie eine Schwangerschaft abbrechen würden, wenn sie die Diagnose Down-Syndrom erhalten würden (Bowman-Smart u. a. 2019). Unter denjenigen, die tatsächlich die Diagnose Down-Syndrom erhalten, entscheiden sich hingegen mehr als 90 % für einen Schwangerschaftsabbruch (Mansfield u. a. 1999). Bevor wir ein weiteres Beispiel betrachten, wäre es toll, wenn Sie sich kurz Zeit nehmen könnten, um Ihre persönlichen Fahrkünste für uns zu bewerten. Auf einer Skala von 1 bis 10, welche Note würden Sie sich selbst als Autofahrerin geben? „1" ist sehr schlecht, „5" ist durchschnittlich und „10" ist ausgezeichnet.

Haben Sie sich eine Note gegeben? Lassen Sie uns raten. Wir nehmen an, dass Sie sich selbst eine 7 gegeben haben, vielleicht sogar eine 8. Auch wenn Sie sich wahrscheinlich nicht für einen zweiten Michael Schumacher, Lewis Hamilton oder Max Verstappen halten, überschätzen Sie Ihre Fähigkeiten mit großer Wahrscheinlichkeit. Das tun jedenfalls die meisten Menschen Sie denken, dass sie überdurchschnittlich gut fahren, was natürlich statistisch unmöglich ist. Untersuchungen in den USA und Schweden zeigen, dass 88 % der US-amerikanischen und 77 % der schwedischen Autofahrer und Autofahrerinnen glauben, sicherer zu fahren als der Durchschnitt. Und 93 % in den USA bzw. 69 % in Schweden glauben, fähiger zu sein als der Durchschnitt (Svenson 1981, 146). Dieses Phänomen ist nicht auf das Autofahren beschränkt. Selbstüberschätzung ist in vielen Bereichen zu finden. Wir wollen nicht abschweifen, aber wenn Sie Student sind, könnte es für Sie interessant sein zu wissen, dass 80 % der Studenten glauben, dass sie notentechnisch zu den oberen 50 % ihres Jahrgangs gehören werden (Hoffrage 2022). Das bedeutet, dass es unterschiedliche Gründe dafür geben kann, dass die Realität von der Selbsteinschätzung abweicht.

Insbesondere im Zusammenhang mit neuartigen Technologien wie selbstfahrenden Autos ist es jedoch schwierig – wenn nicht gar unmöglich –, Informationen über tatsächlich gezeigte Präferenzen zu erheben. Man kann jedoch versuchen, Studien so zu gestalten, dass die Entscheidungssituation so realistisch wie möglich ist. So wurde beispielsweise in einigen Studien Virtual-Reality-Technologie eingesetzt und festgestellt, dass die Reaktionen der Menschen in Virtual-Reality-Szenarien tendenziell utilitaristischer sind als in abstrakten Beschreibungen derselben Szenarios (Bostyn u. a. 2018; Francis u. a. 2017). Auch im Zusammenhang mit selbstfahrenden Autos wurde dies bereits untersucht (Sütfeld u. a. 2017).

Ein weiterer Faktor ist die Replikation. Wenn ein Ergebnis hinreichend interessant ist, werden andere Forscherinnen versuchen, es mit einer anderen Stichprobe von Testpersonen und oft mit einem leicht veränderten Design, das das Ergebnis nicht beeinflussen sollte, zu reproduzieren. Gelingt es ihnen, die wichtigsten Ergebnisse der Studie zu reproduzieren, bestätigt dies die ursprünglichen Ergebnisse. Gelingt es ihnen nicht, werden die Ergebnisse dadurch in Zweifel gezogen.

Waren andere Forscherinnen in der Lage, die Ergebnisse des *Moral Machine Experiments* zu wiederholen, fragt Principia. Nun, zumindest die wichtigsten Ergebnisse konnten in späteren Studien erfolgreich reproduziert werden, sagt Skeptico. Wie bereits erwähnt, wurden jedoch Fehler im Design des Experiments aufgedeckt, nämlich dass es die Menschen zwingt, sich zwischen zwei schlechten Optionen zu entscheiden, obwohl sie eigentlich die potenziellen Opfer gleich behandeln wollen. Wie wir bereits berichtet haben, stellten Bigman und Gray (2020) fest, dass mit der zusätzlichen Option, alle potenziellen Opfer gleich zu behandeln, die Präferenz für die Rettung von Kindern gegenüber älteren Menschen von 96,1 % auf 38,8 % zurückging, während 61,1 % die Option bevorzugten, Kinder und ältere Menschen gleich zu behandeln. Auch die Präferenz für die Rettung von Personen mit hohem sozialem Status sank von 79,7 % auf nur 12,7 %. Die große Mehrheit (84,7 %) möchte potenzielle Opfer mit hohem und niedrigem sozialem Status gleich behandeln. Andere Studien ergaben ähnliche Muster.

Die CREP-Methode schlägt vor, die moralischen Präferenzen in der oben beschriebenen Weise zu bereinigen, um Verzerrungen zu minimieren und die Zuverlässigkeit zu erhöhen. Auf diese Weise wird versucht, zu „echten moralischen Präferenzen" zu gelangen, die als guter Input dienen können und dem nahe kommen, was John Rawls mit seinem Überlegungsgleichgewicht im Sinn hatte.

Zwar ist die Meinung aller Betroffenen wichtig, auch wenn niemandes Meinung allein über die Regulierung moralischer Dilemmata bei selbstfahrenden Autos entscheiden können sollte. Aber auch die Ergebnisse gut konzipierter Studien, die robuste moralische Präferenzen ermitteln, sollten die Programmierung selbstfahrender Autos nicht allein bestimmen. Der nächste wichtige Schritt

4 Warum die öffentliche Moral relevant ist

besteht darin, eine Kohärenz zwischen der ermittelten öffentlichen Moral und den moralischen Prinzipien, wie sie in der Moralphilosophie vertreten werden, herzustellen. In der CREP-Methode gelten die moralischen Prinzipien als relevant, die sich aus Moraltheorien ergeben, die in der akademischen Philosophie die größte Unterstützung genießen. Es ist die Essenz dessen, was Expertinnen für relevant halten (Vgl. auch die Übersicht in Fossa 2024, Abschn. 4.2).

Nicht alle ethischen Traditionen sind in diesem Zusammenhang gleichermaßen relevant. Principia hat gehört, dass bspw. die Tugendethik nicht viel zur Ethik selbstfahrender Autos beizutragen vermag (Nyholm 2018). Ganz anders der Utilitarismus (Bentham, Mill) und die Deontologie (Kant). Erinnerst Du Dich an unsere Diskussion in Kap. 3, Principia? Utilitarismus und Deontologie gehören zu den Familien des ethischen Denkens, die aus der traditionellen, seit Jahrhunderten geführten philosophischen Debatte als die ernsthaftesten Kandidatinnen für die beste oder geeignetste Moraltheorie hervorgegangen sind; und es gibt viele Versuche, sie zu kombinieren (bspw. Parfit 2011) oder zu verfeinern (z. B. Scanlons Vertragstheorie).

Wir sollten auf unsere Kollegen hören, sagt Skeptico: Eine Kohärenz zwischen der öffentlichen Moral und moralischen Prinzipien herzustellen, bedeutet Folgendes:

> Die Grundidee ist, dass eine bestimmte öffentliche Präferenz als umso stärker gerechtfertigt und legitimiert gilt, je kohärenter sie mit relevanten Theorien und Prinzipien ist. Warum das so ist, sollte klar sein: Eine Regelung, die auf sehr breiter Grundlage gerechtfertigt werden kann, […] kann von einer größeren Anzahl von Menschen befürwortet und ihnen gegenüber gerechtfertigt werden. (Savulescu u. a. 2021, 659; eigene Übers.)

Nachdem die in empirischen Untersuchungen festgestellten moralischen Präferenzen „bereinigt" wurden, stellt sich die Frage, ob diese „bereinigten" Präferenzen mit einer oder mehreren Moraltheorien übereinstimmen oder nicht, erklärt Skeptico. CREP funktioniert so: Wenn eine Regelung weder durch Moraltheorien gestützt wird noch der bereinigten öffentlichen Moral entspricht, sollte man sie ablehnen. Wenn sie zwar der öffentlichen Moral entspricht, aber von keiner Moraltheorie gestützt wird, ist das zwar etwas besser, sollte aber trotzdem abgelehnt werden. Wenn eine Regelung durch eine oder mehrere Moraltheorien gestützt wird, aber nicht der öffentlichen Moral entspricht, gilt das gleiche: Es ist besser als nichts, aber die Regelung sollte trotzdem abgelehnt werden. Wenn sie von Moraltheorien gestützt wird, aber unklar ist, ob sie der öffentlichen Moral entspricht – z. B. weil keine belastbaren Erkenntnisse darüber verfügbar sind (ein häufiger Fall) –, sollten die Präferenzen erforscht werden. Und schließlich, wenn Theorien und Präferenzen für eine Regelung sprechen: Bingo!

Im Allgemeinen ist die Unterstützung für eine Regelung umso größer, fragt Principia, je mehr sie die öffentliche Moral widerspiegelt und je mehr sie mit Moraltheorien übereinstimmt, richtig? Ja, das stimmt, bestätigt Skeptico. Entsprechend gilt umgekehrt: Je weniger eine Regelung die öffentliche Moral widerspiegelt und je weniger sie von Moraltheorien unterstützt wird, desto schwächer ist die Rechtfertigung dafür. Also, Principia, wie Du siehst, wird Deine Sorge, dass Menschen tatsächlich diskriminierende Präferenzen haben und dass die Beachtung dieser Präferenzen zu diskriminierenden Regelungen führen könnte, durch die Kombination aus der Bereinigung des empirischen Inputs und der Suche nach Kohärenz zwischen Präferenzen und Moraltheorie in CREP ausgeräumt. Dir ist sicherlich klar, dass keine der Moraltheorien Regelungen unterstützen würde, die Mitglieder einer ethnischen Gruppe bevorzugt, oder die Menschen aufgrund ihres Glaubens, einer Behinderung oder ihres sozialen Status diskriminiert. Da CREP uns dabei hilft, Regelungen zu verwerfen, die nicht mit Moraltheorien übereinstimmen, unabhängig davon, wie stark sie der öffentlichen Moral entsprechen, wären solche diskriminierenden Regelungen vom Tisch, stellt Skeptico klar.

In Kap. 3 haben wir Utilitarismus, Deontologie und Kontraktualismus im Zusammenhang mit der Zulässigkeit der Abwägung von Menschenleben diskutiert. Dies ist ein wichtiges Thema, bei dem Bentham und Kant gut begründete Argumente für widersprüchliche Positionen haben. Diese Diskussion sollte jedoch nicht den Eindruck erwecken, dass Utilitarismus und Deontologie widersprüchliche Moraltheorien sind. Obwohl sich die Art des moralischen Denkens, das diese Theorien nahelegen, grundlegend unterscheidet, kommen sie doch bei den meisten moralischen Problemen zum gleichen Ergebnis. In ähnlicher Weise haben auch Principia und Skeptico viele Gemeinsamkeiten. Dennoch gibt es, wie wir in Kap. 3 gesehen haben, wichtige Dilemma-Situationen bei selbstfahrenden Autos, in denen Principia und Skeptico unterschiedliche Lösungen vorschlagen würden. In einem solchen Fall wäre es sehr interessant zu sehen, in welche Richtung die in empirischen Studien gefundenen moralischen Präferenzen weisen.

Es gibt einen weiteren wichtigen Aspekt, der dazu führt, dass Philosophinnen schwierige Fälle unterschiedlich beurteilen, und zwar selbst dann, wenn sie sich auf die gleiche Moraltheorie stützen. Schließlich ist die Interpretation, Spezifizierung und Anwendung von Moraltheorien bei dem Versuch, bestimmte moralische Probleme zu lösen, kein mechanischer Prozess (Paulo 2016).

Wie schon gesagt, nach der CREP-Methode ist eine Regelung umso besser begründet, je mehr sie die „bereinigten" Präferenzen von Laien widerspiegelt und je mehr sie durch Moraltheorien gestützt wird. Je weniger dies der Fall ist, desto schwächer ist ihre Begründung. Dies lässt eine Vielzahl von Möglichkeiten offen, nämlich solche, die eine gewisse (aber keine starke) Unterstützung durch bereinigte Präferenzen haben und mit einigen (aber nicht allen) Moraltheorien übereinstimmen. Für diese Situationen hat die CREP-Methode kein „einfaches Rezept parat" (Savulescu u. a.; eigene Übers.).

Ist dies ein Defizit der CREP-Methode? Wahrscheinlich ist es fairer zu sagen, dass dieses Zugeständnis lediglich die Grenzen des Beitrags der Ethik zu gesellschaftspolitischen Fragen aufzeigt. Das bedeutet jedoch nicht, dass solche Fragen nicht entschieden werden können. Zusätzlich zur CREP-Methode können wir einen besonders wichtigen Bereich des Rechts als Entscheidungshilfe heranziehen.

Fragen über Leben und Tod sollten nicht losgelöst vom geltenden Recht diskutiert werden. Genauer gesagt sollten die Menschenrechte in die Gleichung einbezogen werden (Kirchmair 2023). Warum?

Viele halten die kodifizierten Menschenrechte für eine Art universelle Übereinkunft über Grundwerte, auch wenn diese Werte in verschiedenen Regeln oder Prinzipien zum Ausdruck kommen und sehr unterschiedliche Hintergründe haben. Sie werden als Manifestation dessen angesehen, was John Rawls als „übergreifenden Konsens" *(overlapping consensus)* bezeichnet hat (Donnelly 2007; Cohen 2011; Gabriel 2020).

Grundlegende Rechtsnormen wie die Menschenrechte wurden in langen und mühsamen gesellschaftlichen Aushandlungsprozessen geschaffen. Sie stellen somit eine Art gewachsene internationale Übereinkunft über Grundwerte dar. Man kann zwar durchaus sagen, dass (einige)

Menschenrechte nicht universell sind, da sie nicht überall auf der Welt gleichermaßen verbreitet sind, doch gilt dies auch für die moralischen Präferenzen, über die wir bisher gesprochen haben. Sie scheinen zu einem gewissen Grad unterschiedlich zu sein, je nachdem, wo auf der Welt wir Laien befragen. Wenn wir also von der öffentlichen Moral oder von moralischen Präferenzen sprechen, die vermutlich für Menschen auf der ganzen Welt repräsentativ sind, sollten wir uns auch auf die allgemein anerkannten Menschenrechte beziehen. Wenn wir uns auf moralische Präferenzen konzentrieren, die nur in Studien mit regionalem Schwerpunkt gefunden wurden, sollten regionale Menschenrechte als Bezugspunkt dienen.

Zwar müssen moralische Präferenzen nicht unbedingt mit dem Recht übereinstimmen, aber wir sollten uns Sorgen machen, wenn sie den Menschenrechten widersprechen. Erinnern Sie sich daran, dass wir schon besorgt waren, wenn Präferenzen von geringfügigen Verzerrungen beeinflusst wurden. Es ist nicht automatisch amoralisch oder gar unmoralisch, gegen das einfache Recht zu verstoßen, aber die Wahrscheinlichkeit ist hoch, dass das, was gegen die Menschenrechte verstößt, auch unmoralisch ist. Das Mindeste, was wir erwarten können, ist, dass uns Gründe genannt werden, warum einige moralische Präferenzen ernst genommen werden sollten, obwohl sie gegen die Menschenrechte verstoßen. Die bloße Tatsache, dass sie in Studien ermittelt wurden, macht sie nicht moralisch richtig. Während sich das Recht ändern kann und daher nicht per se im Widerspruch zur Moral steht, ändern sich die Menschenrechte nicht so leicht und häufig. Darüber hinaus stellen die Menschenrechte die grundlegendsten Werte der Gesellschaften dar, in denen sie respektiert werden, und sie sind in der Regel die Grundlage, auf der andere Normen aufbauen. Menschenrechte sind zwar nicht dasselbe wie öffentliche Moral oder Moraltheorien, aber alle drei sind miteinander so nah verwandt, dass es gerechtfertigt erscheint, auch Menschenrechte in der CREP-Methodik zu berücksichtigen, zumindest als ein Element.

Zu diesem Zweck schlagen wir vor, die CREP-Methode um die Menschenrechte als Kriterium zur Entscheidungsfindung zu erweitern. Wenn Regelungen aus moralischer Sicht bewertet werden, prüfen wir, ob die in empirischen Studien festgestellten Präferenzen mit dem übereinstimmen, was Moraltheorien vorgeben. Wenn eine bestimmte Regelung jedoch nur von einigen moralischen Präferenzen unterstützt wird und mit einigen, aber nicht allen Moraltheorien übereinstimmt, können die Menschenrechte der ausschlaggebende Faktor sein: Wenn die betreffende Regelung gegen die Menschenrechte verstößt, sollte sie abgelehnt werden. Die Menschenrechte kommen also bei unklaren Entscheidungssituationen ins Spiel und sind dann maßgeblich. Sie fungieren als „Tie-Breaker" (s. Abschn. 5.3).

5

Anwendung der CREP-Methode auf problematische Fälle

Was sind also die relevanten moralischen Präferenzen und wie gut stimmen sie mit Moraltheorien überein?

In diesem kurzen Buch können wir keinen umfassenden Überblick (geschweige denn eine ausgewogene Analyse) über alle empirischen Studien geben, die für die im Buch behandelten Fragen potenziell relevant sind. Wir beschränken uns daher auf einige der Studien, die wir für besonders zuverlässig und aussagekräftig halten. Es gilt noch etwas zu bedenken: Natürlich können neue Studien neue Erkenntnisse liefern, die eine Anpassung der hier vorgestellten Bewertung erforderlich machen. Damit müssen wir leben – und Sie auch. Diese Vorläufigkeit sollte jedoch niemanden zu der Annahme verleiten, empirische Erkenntnisse seien per se irrelevant. Das wäre eine schwerwiegende Fehleinschätzung. Worauf sonst sollte man seine Einschätzung stützen, wenn nicht auf die besten derzeit verfügbaren Studien? So funktioniert Wissenschaft. Wir sehen (bis auf weiteres) das als wahr an, was dem aktuell verfügbaren Wissen entspricht. Die Tatsache, dass wir zukünftige Erkenntnisse nicht vorhersehen können, macht das aktuelle Wissen zwar vorläufig, aber nicht bedeutungslos.

Eine ähnliche Warnung – und das mag einige doch überraschen – ist auch für Moraltheorien angebracht. Wir wissen nicht, welche Moraltheorie die richtige ist (wenn das überhaupt eine sinnvolle Kategorie ist). Aber wir wissen, welche Theorien von denjenigen, die sich ihr ganzes Berufsleben lang mit Ethik beschäftigt haben, als die besten Kandidatinnen angesehen werden. Dies sind die Theorien, mit denen wir uns befassen werden. Wie wir in Kap. 3 angedeutet haben, ist allerdings nicht immer klar, was eine bestimmte Moraltheorie über ein spezifisches moralisches Problem aussagt. Grundlegende Prinzipien, die aus diesen Theorien hervorgehen, müssen interpretiert, spezifiziert und angewendet werden, und auf jeder dieser Ebenen gibt es unterschiedliche Meinungen unter den Befürworterinnen ein und derselben Theorie. Unsere Aufgabe besteht nicht darin, diese Meinungsverschiedenheiten aufzulösen, sondern zu ermitteln, wo sie zu denselben Empfehlungen in Bezug auf moralische Dilemmata bei selbstfahrenden Autos kommen und wo nicht.

1 Sozialer Status

Öffentliche Meinung Das groß angelegte *Moral Machine Experiment* ergab, dass Menschen lieber diejenigen mit einem höheren sozialen Status (z. B. einen Arzt) retten als Menschen mit einem niedrigeren sozialen Status (z. B. einen Obdachlosen). Wenn das Auto entweder einen Arzt oder einen Obdachlosen retten kann, bevorzugt eine Mehrheit der Menschen eine Programmierung, die dazu führt, dass der Arzt gerettet und der Obdachlose getötet wird. Dies ist eine starke Präferenz, die Forscher weltweit feststellen (Awad u. a. 2018).

Die Studie zeigte jedoch auch kulturelle Unterschiede auf. Diese treten in drei verschiedenen Clustern auf, dem „westlichen Cluster" (Nordamerika und viele europäische Länder), dem „östlichen Cluster" (viele Länder im Fernen Osten) und dem „südlichen Cluster" (Lateinamerika und Länder mit französischem Einfluss). Die wichtigsten Unterschiede zwischen diesen Clustern betreffen das Gewicht, das die Befragten bestimmten moralischen Präferenzen beimessen. In Bezug auf den sozialen Status deutet die Studie darauf hin, dass Befragte aus dem östlichen Cluster weniger Wert darauf legen, Personen mit hohem sozialen Status zu verschonen, als Befragte aus den anderen Clustern. Diese Präferenz ist also möglicherweise nicht universell gleich stark ausgeprägt. Das *Moral Machine Experiment* hat jedoch ergeben, dass sie in den westlichen und südlichen Clustern stark ausgeprägt ist.

Erinnern Sie sich an die zwei Psychologen Bigman und Gray (2020), die das *Moral Machine Experiment* kritisch hinterfragt haben? Sie konnten diese Haupterkenntnis des Experiments mit einem ähnlichen Studiendesign, bei dem die Befragten (alle aus dem westlichen Cluster) nur zwischen der Rettung einer Person mit niedrigem oder hohem sozialen Status wählen konnten, replizieren. Sie stellten fest, dass 79,9 % lieber eine Person mit hohem sozialen Status retten würden.

Als Bigman und Gray (2020) den Befragten jedoch eine dritte Antwortmöglichkeit gaben, nämlich alle potenziellen Opfer gleich zu behandeln, stellten sie fest, dass die meisten (84,7 %) diese Gleichheitsoption der Möglichkeit vorziehen, diejenigen mit höherem sozialen Status zu retten (12,7 %). Andere Studien (De Freitas und Cikara 2021; De Freitas u. a. 2020) ergaben, dass weniger als

20 % der Befragten sich dafür aussprechen, selbstfahrende Autos so zu programmieren, dass Entscheidungen auf der Grundlage sozialer Kategorien wie Rasse, Geschlecht, Status oder Alter getroffen werden. Stattdessen ziehen sie es vor, das Zufallsprinzip entscheiden zu lassen.

Die Präferenz, Menschen mit höherem sozialen Status zu retten, findet sich also nur in Studien mit einem Design, das Entscheidungen zwischen zwei Alternativen erzwingt. Wenn den Teilnehmerinnen die Möglichkeit geboten wird, alle potenziellen Opfer gleich zu behandeln, bevorzugen sie diese Option. Hier hat es sich als wichtig erwiesen, die empirischen Ergebnisse zu „bereinigen". Forschungsdesigns mit einer erzwungenen Auswahl haben problematische Einschränkungen und sollten daher, wenn überhaupt, nur mit größter Vorsicht in die CREP-Methode Eingang finden. Daher legen die empirischen Ergebnisse mit einer soliden Methodik nahe, nicht zwischen Menschen mit unterschiedlichem sozialen Status zu unterscheiden.

Moraltheorien Wie in Kap. 3 erwähnt, sagte sogar Bonnefon, einer der Architekten des Experiments, dass die Kategorie des sozialen Status dazu gedacht war, die „Grenzen eines Versuchs wie der *Moral Machine* zur Informierung der öffentlichen Politik" aufzuzeigen. Für die Forscher sind „die Präferenzen der Bürgerinnen aus ethischer Sicht nicht immer akzeptabel, und der Zweck der *Moral Machine* ist daher nicht, Ethik-Kommissionen zu ersetzen" (Bonnefon 2021, 115; eigene Übers.) Sie hielten es also offenbar für selbstverständlich, dass der soziale Status bei der Programmierung selbstfahrender Autos keine Rolle spielen sollte.

Auf Grundlage der (wenigen) Studien zum sozialen Status als Kategorie können wir sagen, dass Menschen keine Präferenz zu haben scheinen, diejenigen mit einem höheren sozialen Status gegenüber anderen mit einem niedrigeren Status zu bevorzugen. Zumindest dann nicht, wenn sie auch die Möglichkeit haben, anzugeben, dass alle gleich behandelt werden sollen. Aber wie sieht es mit dem sozialen Status aus moralischer Sicht aus?

Aus utilitaristischer Sicht sind die einzigen moralisch relevanten Faktoren die Folgen einer Handlung, wie viel Freude sie bereitet und wie viel Leid sie vermeidet. Die Frage ist, welche Handlung das größte Glück für die größte Anzahl von Menschen bewirkt. Der soziale Status potenzieller Opfer scheint in Bezug auf diesen Nutzen grundsätzlich keine Rolle zu spielen. Oben haben wir die Möglichkeit erörtert, dass die Befragten im *Moral Machine Experiment* den sozialen Status so verstanden haben könnten, dass sie beurteilten, wie nützlich jemand für die Gesellschaft ist. Beispielsweise ist ein Arzt (hoher sozialer Status) wahrscheinlich nützlicher für die Gesellschaft als ein Krimineller (niedriger sozialer Status). Auch wenn Nutzen und Status in diesem Beispiel vielleicht korrelieren, gibt es grundsätzlich keine direkte oder gar notwendige Verbindung zwischen dem sozialen Status und dem Nutzen einer Person für die Gesellschaft. Man denke nur an Menschen, die in der Altenpflege arbeiten (hoher Nutzen aber niedriger sozialer Status) im Kontrast zu einem Professor (Nutzen manchmal zweifelhaft, aber relativ hoher sozialer Status). Aus diesem Grund steht der soziale Status selbst nicht in direktem Zusammenhang mit dem Nutzen. Im Utilitarismus sollte der soziale Status als solcher also keine Grundlage für eine unterschiedliche Behandlung sein.

Die kantische Deontologie betont die Menschenwürde und fordert, dass alle Menschen gleich behandelt werden. Sie verbietet eindeutig jede Unterscheidung aufgrund persönlicher Merkmale (sozialer Status, Alter, ethnische Zugehörigkeit usw.). Ebenso verbietet der Kontraktualismus von Scanlon jede solche Unterscheidung. Nach ihm gibt es kein mögliches Moralprinzip, das es erlauben würde, Menschen mit einem höheren sozialen Status gegenüber Menschen mit einem niedrigeren Status zu bevorzugen. Ganz einfach deshalb, da alle Menschen mit einem niedrigeren sozialen Status gute Gründe hätten, dieses Prinzip abzulehnen. Und ihre Ablehnungsgründe würden die Gründe für die Akzeptanz dieses Prinzips überwiegen.

Betrachten wir noch eine zweite Version der Vertragstheorie, nämlich die von John Rawls. Etwas vereinfacht gesagt, vertritt er die Ansicht, dass jene Handlung moralisch richtig ist, die Menschen wählen würden, wenn sie nicht wüssten, wer sie in der betreffenden Situation wären. Die Idee ist also, dass wir uns vorstellen, hinter dem sogenannten „Schleier des Nichtwissens" *(veil of ignorance)* zu entscheiden, was richtig oder falsch ist (Rawls 2003; Freeman 2019). Ohne jegliches Wissen über unseren eigenen sozialen Status würden wir sicherlich nicht wollen, dass zwischen Menschen aufgrund ihres sozialen Status unterschieden wird. Schließlich liefen wir sonst Gefahr, Regeln zu schaffen, die uns selbst benachteiligen.

Zusammenfassend lässt sich sagen, dass alle (hier berücksichtigten) Moraltheorien zum gleichen Urteil kommen: Aus moralischer Sicht sollte kein Unterschied zwischen Menschen aufgrund ihres sozialen Status gemacht werden. Dieses Urteil steht im Einklang mit der Präferenz, die in belastbaren empirischen Studien festgestellt wurde.

In der Regulierung moralischer Dilemmata mit selbstfahrenden Autos sollte der soziale Status außer Acht gelassen werden. Diese Ansicht findet sowohl in Moraltheorien als auch in der öffentlichen Moral breite Unterstützung. Ob jemand Arzt oder Obdachloser ist, sollte kein relevanter Faktor für den Schutz dieser Person sein.

2 Geschlecht

Öffentliche Moral Das *Moral Machine Experiment* hat eine Präferenz dafür ergeben, eher Frauen als Männer zu retten. Wenn das Auto entweder einen Mann oder eine Frau retten kann, bevorzugt eine Mehrheit der Menschen eine Programmierung, die dazu führt, dass die Frau gerettet und der Mann getötet wird (Awad u. a. 2018). Was kulturelle Unterschiede betrifft, so ist die Präferenz, Frauen statt Männer zu retten, im südlichen Cluster stärker ausgeprägt als in den westlichen und östlichen Clustern, aber auch in diesen beiden Clustern ist sie immer noch signifikant.

Bigman und Gray (2020) konnten auch dieses Ergebnis mit einem Studiendesign replizieren, bei dem die Befragten (alle aus dem westlichen Cluster) nur zwischen der Rettung eines Mannes oder einer Frau wählen konnten. Mit diesem Design stellten sie fest, dass 87,7 % lieber die Frau retten würden. Sütfeld u. a. (2017) stellten fest, dass 80 % im direkten Vergleich zwischen Männern und Frauen lieber Männer opfern würden.

Studien, die nicht mit einer erzwungenen Wahl zwischen zwei Optionen arbeiten, ergaben jedoch nicht die gleiche Präferenz. Bigman und Gray (2020) stellten fest, dass Menschen die Option der Gleichheit (92,6 %) der Option, lieber Frauen zu retten (6,4 %), vorziehen. Wie oben schon gesagt, ergaben andere Studien (De Freitas und Cikara 2021; De Freitas u. a. 2020), dass weniger als 20 % der Befragten selbstfahrende Autos Entscheidungen auf der Grundlage sozialer Kategorien wie Rasse, Geschlecht, Status oder Alter treffen lassen wollen. Stattdessen ziehen sie es vor, das Zufallsprinzip entscheiden zu lassen.

Studien, die mit einem Design arbeiten, das Entscheidungen erzwingt, ergaben also eine klare Präferenz dafür, eher Frauen statt Männer zu retten. Studien, die eine dritte Antwortoption anboten, zeigten jedoch, dass die meisten weder Frauen noch Männer bevorzugen wollen.

Moraltheorien Utilitarismus, Kantianismus und die beiden Versionen der Vertragstheorie stützen diese Einsicht. Aus der Sicht des Utilitarismus scheint das Geschlecht keinen Unterschied in Bezug auf den Nutzen zu machen. Auch die kantianische Deontologie verlangt, dass alle Menschen gleich behandelt werden, und verbietet jegliche Unterscheidung aufgrund persönlicher Merkmale. Das schließt auch das Geschlecht mit ein. Auch der Kontraktualismus von Scanlon verbietet eine solche Unterscheidung, da alle Menschen (in unserem Beispiel v. a. die Männer) gute Gründe hätten, ein Prinzip abzulehnen, das eine unterschiedliche Behandlung empfiehlt. Ihre Gründe würden die Gründe für die Annahme des Prinzips überwiegen. Hinter dem Rawls'schen „Schleier des Nichtwissens" stehend, wüsste man nicht, welches Geschlecht man hat. In dieser Situation würde man nicht wollen, dass zwischen Menschen aufgrund ihres Geschlechts unterschieden wird.

Zusammenfassend lässt sich sagen, dass alle Moraltheorien zum gleichen Urteil kommen: Aus moralischer Sicht sollte kein Unterschied zwischen Menschen aufgrund ihres Geschlechts gemacht werden. Dieses Urteil steht im Einklang mit der Präferenz, die sich in den belastbaren empirischen Studien gezeigt hat.

In moralischen Dilemmata mit selbstfahrenden Autos sollte also auch das Geschlecht potentieller Opfer ignoriert werden. Weder Moraltheorien noch die öffentliche Moral stützen eine Differenzierung aufgrund des Geschlechts. Das Gleiche gilt übrigens, ohne dass wir das hier im Detail zeigen können, für andere typische Diskriminierungsgründe wie ethnische oder religiöse Zugehörigkeit, usw. Das dürfte im Grunde auch weitestgehend unumstritten sein. Jedenfalls wird diese Auffassung auch von der Ethik-Kommissionen Automatisiertes und Vernetztes Fahren geteilt und spiegelt sich in den aktuellen gesetzlichen Regelungen.

3 Alter

Öffentliche Moral Das *Moral Machine Experiment* hat gezeigt, dass es eine Präferenz dafür gibt, jüngere Menschen zu retten anstatt ältere. Wenn das Auto entweder ein Kind oder eine ältere Person retten kann, bevorzugen die meisten eine Programmierung, die dazu führt, dass das Kind gerettet und die ältere Person getötet wird (Awad u. a. 2018). Was kulturelle Unterschiede betrifft, so ergab die Studie, dass Teilnehmer aus dem östlichen Cluster der Rettung jüngerer Menschen weniger Gewicht beimessen als jene aus den beiden anderen Clustern. Die Präferenz ist aber auch im östlichen Cluster immer noch signifikant; im westlichen und im südlichen Cluster ist sie sehr stark ausgeprägt.

Bigman und Gray (2020) haben auch dieses Ergebnis mit einem Studiendesign repliziert, bei dem die Teilnehmerinnen nur zwischen der Rettung eines Kindes oder einer älteren Person wählen konnten. Bei diesem Design würden 96,1 % lieber das Kind retten. Faulhaber u. a. (2019) stellten eine ähnliche Präferenz für die bevorzugte Rettung des Kindes fest.

Die Dinge werden jedoch unsicherer, wenn wir Studien betrachten, die nicht mit einer erzwungenen Wahl zwischen zwei Optionen arbeiten. Bigman und Gray (2020) stellten eben außerdem fest, dass Menschen die Option der Gleichheit (61,1 %) der Option, das Kind zu retten (38,8 %), vorziehen. Und auch hier ist auf die Studien zu verweisen (De Freitas und Cikara 2021; De Freitas u. a. 2020), die herausfanden, dass weniger als 20 % der Befragten eine Programmierung von selbstfahrenden Autos befürworten, die Entscheidungen auf der Grundlage sozialer Kategorien wie Rasse, Geschlecht, Status oder eben auch des Alters trifft. Stattdessen ziehen nach diesen Studien die meisten Menschen es vor, das Zufallsprinzip entscheiden zu lassen.

So ergaben Studien, deren Design eine erzwungene Wahl zwischen zwei Optionen beinhaltet (jung oder alt), eine klare Präferenz dafür, eher junge als alte Menschen zu retten. Unter den wenigen Studien, die eine dritte Antwortoption anboten, zeigte die Mehrheit der Menschen allerdings erneut eine Präferenz dafür, weder junge noch alte Menschen zu bevorzugen. Dennoch sind hier die doch stark divergierenden Zahlen bemerkenswert. Während die Gleichheitsoption bezüglich der zuvor vorgestellten persönlichen Merkmale sehr eindeutig bevorzugt wird, sind trotz der Möglichkeit, beide Altersgruppen gleich zu behandeln, immer noch 40 % dafür, junge Menschen zu bevorzugen.

Moraltheorien Die kantische Deontologie betont die Menschenwürde und verlangt, dass alle Menschen gleich behandelt werden. Sie verbietet eindeutig jede Unterscheidung aufgrund persönlicher Merkmale. Ebenso verbietet der Kontraktualismus von Scanlon jede solche Unterscheidung. So gibt es kein mögliches Moralprinzip, das es erlauben würde, jüngere Menschen gegenüber älteren zu bevorzugen, da alle älteren Menschen gute Gründe hätten, dieses Prinzip abzulehnen. Ihre Gründe für die Ablehnung würden die Gründe der Jüngeren für die Annahme des Prinzips überwiegen.

Aber ist das richtig? Wie in Kap. 3 besprochen, gehört jeder Mensch einer bestimmten Altersgruppe an, genauso wie man einer bestimmten religiösen (oder nicht-religiösen) Gruppe angehört, eine bestimmte Hautfarbe hat und ein bestimmtes Geschlecht besitzt. Der Unterschied zu anderen Formen der gruppenbasierten Diskriminierung besteht jedoch darin, dass wir alle jung beginnen und älter werden (wenn wir Glück haben). Im Gegensatz dazu beginnen wir normalerweise nicht mit einer Religion, einer Hautfarbe oder einem Geschlecht und ändern diese dann später (obwohl manche dies tun).

Dieser Gedanke wird vom Utilitarismus aufgegriffen, der den Schwerpunkt auf die Folgen einer Handlung legt, nämlich darauf, wie viel Freude sie erzeugt und wie viel Leid sie vermeidet. Die Frage ist, welche Handlung das größte Glück für die größte Zahl bewirkt. Der Utilitarismus würde jüngeren Menschen Vorrang einräumen, da jüngere Leben im Durchschnitt zu mehr Nutzen in der Zukunft führen. Daher stellt das Alter aus Sicht des Utilitarismus eine moralische Grundlage für unterschiedliche Behandlung dar.

Was ist mit der Rawls'schen Theorie? Es ist nicht klar, was ein Individuum wollen würde, wenn es hinter dem „Schleier des Nichtwissens" stünde. Einerseits wüsste es nicht, ob es jung oder alt wäre. Dieses Individuum würde sicherlich nicht wollen, dass es die Person ist, die getötet wird. Die Möglichkeit, dass beide Optionen gleich sind, spricht für eine Entscheidung nach dem Zufallsprinzip oder ähnliche unparteiische Entscheidungsregeln. Andererseits spricht der Gedanke, dass der junge Mensch weniger Lebenszeit gehabt hätte (und mehr Lebenszeit hätte erwarten können), dafür, den jungen Menschen zu retten (Savulescu u. a. 2021, 661; Vgl. auch Leben 2018, Kap. 5).

Zusammenfassend lässt sich sagen, dass die kantische Deontologie und der Kontraktualismus von Scanlon aus moralischer Sicht nahelegen, dass zwischen Menschen nicht aufgrund ihres Alters unterschieden werden sollte. Die Theorie von Rawls kann so verstanden werden, dass sie diese Ansicht unterstützt. Sie kann jedoch auch so verstanden werden, dass sie das utilitaristische Urteil unterstützt, dass das Alter eine Grundlage für eine unterschiedliche Behandlung sein sollte. Das moralische Urteil ist daher unklar. Diese Schlussfolgerung spiegelt die gemischten empirischen Ergebnisse wider.

Da die CREP-Methode kein eindeutiges Ergebnis liefert, wenden wir uns den Menschenrechten zu. Das Menschenrecht auf Gleichheit und insbesondere die Verpflichtung zur Nichtdiskriminierung stehen einer unterschiedlichen Behandlung von Kindern und älteren Menschen entgegen. Es ist naheliegend, Kindern besondere Schutzvorkehrungen im Straßenverkehr zuzugestehen. So sind Kinder z. B. aus dem sog. Vertrauensgrundsatz in der deutschen und österreichischen Straßenverkehrsordnung (jeweils StVO) ausgenommen. Während man bei erwachsenen Verkehrsteilnehmern rechtskonformes Verhalten erwarten kann, darf man nicht davon ausgehen, dass Kinder alle Verkehrsregeln kennen und einhalten können. Zudem sind sie sich vieler Gefahren nicht in demselben Ausmaß bewusst wie Erwachsene. Kinder dürfen also gewissermaßen positiv diskriminiert werden. Das bedeutet allerdings nicht, dass sie in einer Dilemma-Situation präferierten Schutz genießen. Das Prinzip der Gleichheit beinhaltet in den meisten Rechtsprechungen ein Verbot der Altersdiskriminierung. Dieses Menschenrecht beinhaltet das Recht, bei Entscheidungen über Leben und Tod nicht aufgrund des Alters diskriminiert zu werden. Die Menschenrechte älterer Menschen sind jedoch kein universeller Standard. Die unabhängige Sachverständige zu den Menschenrechten von betagten Menschen beim UN-Menschenrechtsrat, Claudia Mahler, sagt u. a., dass „ältere Menschen in den internationalen Menschenrechtsnormen weitgehend unsichtbar bleiben, da Altersdiskriminierung nicht anerkannt wird und es kein ausdrückliches Verbot der Diskriminierung aufgrund des Alters gibt. Von den Verträgen der Vereinten Nationen enthalten nur zwei der wichtigsten Menschenrechtsverträge ausdrückliche Verweise auf das Alter" (Mahler 2023; eigene Übers.).

Das Alter könnte als Ausnahme von der allgemeinen Regel angesehen werden, persönliche Merkmale nicht zu berücksichtigen. Es überwiegen zwar die empirischen Belege für eine öffentliche Moral der Gleichbehandlung von jungen und älteren Menschen. Gleichzeitig zeigen Studien, dass das Alter durchaus anders beurteilt wird als andere klassische Diskriminierungsgründe. Studien zum Alter zeigen eine deutlich schwächere Präferenz für Gleichbehandlung zwischen potenziellen Opfern. In den Fällen, in denen eine Präferenz für Gleichbehandlung besteht, ist diese viel weniger ausgeprägt als bei den anderen Diskriminierungsgründen. Darüber hinaus weisen Studien mit einem sog. „Forced-Choice-Design" mit nur zwei Alternativen auf eine klare Präferenz für die Bevorzugung der Jugend hin. Bemerkenswert ist auch, dass keine Studie eine Präferenz für ältere Menschen zeigt. In Bezug auf das Alter kommen auch die hier als einschlägig untersuchten Moraltheorien zu unterschiedlichen Schlussfolgerungen. Einige verbieten jegliche Differenzierung aufgrund des Alters. Andere Theorien betrachten Alter – im Gegensatz zu anderen persönlichen Merkmalen wie Geschlecht oder sozialem Status – als moralisch relevanten Grund für eine unterschiedliche Behandlung potenzieller Opfer. Sie plädieren für eine Bevorzugung junger Menschen. Keine Moraltheorie befürwortet die Bevorzugung älterer Menschen. Dies spiegelt die etwas gemischten empirischen Befunde zur öffentlichen Moral gewissermaßen wider. Die CREP-Methode zur Integration öffentlicher Moral und Moraltheorien gibt daher keine besonders klare Empfehlung darüber ab, ob es zulässig ist, das Alter bei der Programmierung selbstfahrender Autos – im Sinne einer bevorzugten Behandlung der Jungen, nicht umgekehrt – zu berücksichtigen. Für solche Situationen empfehlen wir, die CREP-Methode zu erweitern und die Menschenrechte als Entscheidungskriterium heranzuziehen. Das Menschenrecht auf Gleichheit beinhaltet das Recht, bei Entscheidungen über Leben und Tod nicht aufgrund des Alters diskriminiert zu werden. Deswegen lautet das Ergebnis schlussendlich, dass keine unterschiedliche Behandlung aufgrund des Alters vorgenommen werden sollte.

4 Anzahl

Öffentliche Moral Das *Moral Machine Experiment* hat gezeigt, dass es eine sehr starke Präferenz dafür gibt, so viele Menschen wie möglich zu retten. Wenn das Auto entweder eine Person oder eine Gruppe von zwei oder mehr Personen retten kann, bevorzugt eine große Mehrheit der Befragten eine Programmierung, bei der die Gruppe von zwei oder mehr Personen gerettet und die eine Person getötet wird. Dies ist die zweithäufigste Präferenz, die weltweit festgestellt wurde. Die häufigste Präferenz im Studiendesign dieses Experiments ist es, Menschen statt Tiere zu retten (Awad u. a. 2018). Es gab keine signifikanten kulturellen Unterschiede in Bezug auf diese Präferenz, so viele Menschen wie möglich zu retten.

Bigman und Gray (2020) konnten dieses Ergebnis mit einem Studiendesign replizieren, bei dem die Teilnehmerinnen nur zwischen der Rettung einer Person oder einer Gruppe wählen konnten. Bei diesem Design würden

99,6 % lieber die Gruppe retten. Faulhaber u. a. (2019) stellen eine ähnliche Präferenz fest (mehr als 90 %). Auch Huang, Greene und Bazerman (2019) stellen fest, dass eine große Mehrheit (über 80 %) der Befragten lieber die größere Anzahl retten würden.

Als Bigman und Gray (2020) den Teilnehmenden auch für diese Frage eine dritte Option anboten, nämlich alle potenziellen Opfergruppen gleich zu behandeln, stellten sie fest, dass nur 17,9 % diese Gleichheitsoption bevorzugten; eine Mehrheit (81,6 %) zog es immer noch vor, so viele Leben wie möglich zu retten. Gleichermaßen stellten Bodenschatz, Uhl und Walkowitz (2021) fest, dass 67,6 % lieber möglichst viele Menschenleben retten würden, als sich für eine zufällige Auswahl zwischen den beiden Optionen zu entscheiden (30,6 %).

Moraltheorien Wie in Kap. 3 besprochen, stützt der Utilitarismus die Präferenz, viele zu retten. Welche Handlung führt zum größten Glück für die größte Anzahl? Wenn das Leben jedes Menschen das gleiche (oder ein ungefähr ähnliches) Maß an Wohlergehen aufweist, dann führt die Rettung von zwei Menschen zu mehr Nutzen als die Rettung von einem, ebenso drei mehr als zwei und so weiter. Der Utilitarismus würde daher für die Rettung der größeren Anzahl sprechen.

In der kantischen Deontologie ist die Sache komplizierter. Hier ist eine von Kants Formulierungen des kategorischen Imperativs aus der *Grundlegung zur Metaphysik der Sitten* (1785): „Handle so, daß du die Menschheit sowohl in deiner Person, als in der Person eines jeden anderen jederzeit zugleich als Zweck, niemals bloß als Mittel brauchest" (GMS 429). Die deutsche Ethik-Kommission hat den kategorischen Imperativ von Kant im Hinterkopf, wenn sie im Zusammenhang mit selbstfahrenden Autos sagt, dass die „Opferung von unschuldigen Menschen zu

Gunsten anderer potentieller Opfer unzulässig ist, weil die Unschuldigen zum bloßen Instrument degradiert und ihrer Subjektqualität beraubt würden" (Ethik-Kommission 2017, 18). Nach dieser Auffassung dürfen Menschenleben nicht gegeneinander aufgerechnet werden. Die so verstandene Idee der Menschenwürde blockiere alle Versuche, zwischen Menschenleben abzuwägen. Die Implikationen für selbstfahrende Autos sind klar: Sie dürfen nicht so programmiert werden, dass sie immer die größte Anzahl retten.

Andere Kantianerinnen argumentieren jedoch, dass dieses Ergebnis nicht zwingend von der Kantischen Ethik vorgegeben ist. Die Deontologie kann so interpretiert werden, dass die eine Person nicht „benutzt" wird, um die größere Gruppe zu retten, weil die Tötung der einen Person durch das Auto nicht *kausal* zur Rettung der größeren Gruppe beiträgt. Erinnern sie sich an das Argument zu den Trolley-Fällen in Kap. 3? Es ist nicht das Ziel, die kleinere Gruppe zu überfahren. Wäre die kleinere Gruppe nicht an der Stelle, wäre das sehr begrüßenswert. Das heißt, das Auto würde auch ausweichen, um die Gruppe nicht zu treffen, wenn die eine Person nicht dort stehen würde (Kleingeld 2020; Guyer 2014; Kerstein 2013). Diese Kant-Expertinnen interpretieren Kants Ethik also anders als die Ethik-Kommission (oder das Bundesverfassungsgericht). Sie kommen zu dem Schluss, dass es zulässig ist, selbstfahrende Autos so zu programmieren, dass sie immer die größte Zahl retten.

Was besagt die Rawls'sche Theorie? Hinter dem „Schleier des Nichtwissens" kann ein Individuum nicht wissen, ob es Teil der größeren Gruppe oder die einzelne Person sein wird. Da die Wahrscheinlichkeit, Teil der Gruppe zu sein, höher ist als die, die einzelne Person zu sein, würde es sich für die Rettung der größeren Zahl entscheiden (für eine ausführlichere Diskussion dessen, was die Rawls'sche Theorie für die Ethik selbstfahrender Autos vorschlägt, Vgl. Leben 2017).

Was ist mit Scanlons Kontraktualismus? Erinnern wir uns daran, dass der Kontraktualismus die Frage aufwirft, ob ein Prinzip in freier Übereinkunft mit anderen gerechtfertigt werden kann. Es ist wichtig, die Einwände, die andere gegen ein Prinzip erheben würden, zu berücksichtigen und ernst zu nehmen. In Kap. 3 haben wir einen Fall erwähnt, in dem ein Retter mit einem Boot entweder das Leben einer Person retten kann, die auf einem aus dem Meer ragenden Felsen gefangen ist, oder das Leben von fünf Personen, die auf einem zweiten Felsen gefangen sind. Er kann nicht das Leben aller sechs retten. Dieser Felsen-Fall ist der Bystander-Version der Trolley-Fälle sehr ähnlich. Während der Utilitarismus die Rettung einer größeren Anzahl von Personen empfehlen würde, weist der Kontraktualismus darauf hin, dass jede der fünf Personen auf dem zweiten Felsen sich nur auf ihren eigenen persönlichen Anspruch berufen kann, gerettet werden zu wollen. Da das Individuum auf dem ersten Felsen sich ebenso gut auf seinen persönlichen Anspruch berufen kann, gerettet zu werden, scheint der Kontraktualismus zu dem Ergebnis zu kommen, dass es für den Retter zulässig ist, entweder die vielen oder die wenigen zu retten. Und genau das wäre auch das Ergebnis für die Programmierung selbstfahrender Autos.

Innerhalb des Kontraktualismus herrscht allerdings Uneinigkeit darüber, ob diese Lösung richtig ist oder nicht. Scanlon selbst argumentiert, dass sie falsch ist. Wenn wir nur zwischen zwei Personen auf zwei verschiedenen Felsen wählen müssten, wäre es in der Tat richtig, beide Alternativen für zulässig zu halten. Aber wenn wir in diesem speziellen Fall beide Alternativen für zulässig hielten, könnten sich die fünf Personen darüber beschweren, dass ihr Fall so behandelt wird, als wäre nur eine Person auf ihrem Felsen, während vier von ihnen so behandelt werden, als wären sie überhaupt nicht relevant. So gesehen fungiert die Anzahl in Szenarien wie dem Felsen-Fall als Tie-Breaker. Scanlon würde also eine Programmierung bevorzugen, die dazu führt, dass die größte Anzahl von Menschen gerettet wird.

Andere Kontraktualisten widersprechen dieser Auffassung. Sie behaupten zum Beispiel, dass das Tie-Breaker-Argument nur dann funktioniert, wenn der Anspruch eines Individuums, nicht getötet zu werden, zusammen mit dem Anspruch eines anderen Mitglieds der Gruppe betrachtet wird. Wie der Utilitarismus misst auch der Kontraktualismus dem Wohlergehen des Einzelnen eine zentrale Rolle zu. Im Gegensatz zum Utilitarismus tut er dies jedoch auf eine entschieden nicht-aggregative Weise. Im Kontraktualismus sind nur Individuen und deren jeweilige Interessen relevant. Entscheidend ist, dass sich kein Einzelner auf den möglichen Gesamtverlust einer Gruppe berufen kann. Diese individualistische Einschränkung scheint bei der Anwendung von Scanlons eigener Theorie auf das Problem der Anzahl verletzt zu werden (Otsuka 2006).

Tim Henning (2024) verteidigt Scanlons Position, dass die größtmögliche Anzahl von Menschen zu retten ist, mit einem prozeduralen Argument. Menschen hätten nicht nur ein Interesse, zu überleben oder nicht verletzt zu werden. Sie wollen auch ein Mitspracherecht bei Entscheidungen, die sie betreffen. Und diese prozeduralen Ansprüche konkurrieren nicht in gleicher Weise wie ihre Ansprüche, gerettet zu werden. Es ist daher nicht notwendig, zwischen diesen Interessen abzuwägen. Auf dieser Grundlage schlägt Henning vor, auf die Mehrheitsregel zurückzugreifen. Mit anderen Worten: Es sollen so viele Menschen wie möglich gerettet werden.

Das Problem ist nun, dass wir die Menschen nicht fragen können, ob sie im konkreten Fall gerettet werden wollen. Deshalb geht Henning einfach davon aus, dass jeder und jede gerettet werden möchte. Im Zusammenhang mit selbstfahrenden Autos haben wir eine bessere Möglichkeit: Wir können uns auf die empirischen Erkenntnisse über die Präferenzen der Bevölkerung stützen. Natürlich handelt es sich dabei nicht um Präferenzen, die in tatsächlichen Dilemma-Situationen geäußert oder offenbart werden, sondern um Reaktionen auf fiktive Szenarien. Aber wir denken, man kann mit Fug und Recht behaupten, dass diese empirischen Ergebnisse die beste verfügbare Grundlage für Vermutungen darüber sind, was die Menschen in Dilemma-Situationen wollen würden. Wie oben zusammengefasst, ergaben Studien mit und ohne Zwangs-Design eine starke Präferenz für die Rettung möglichst vieler Leben. Dies stützt Hennings Annahme und damit seine Schlussfolgerung, dass so viele Leben wie möglich gerettet werden sollen.

Diese Lösung erhält weitere Unterstützung durch die Diskussion des Trolley-Problems in Kap. 3. Dort haben wir argumentiert, dass trotz der langjährigen Diskussion darüber, wie das Trolley-Problem zu lösen ist, die gesamte Debatte auf der Ansicht beruht, dass bestimmte Antworten auf paradigmatische Trolley-Fälle richtig sind. So bestätigen ca. 90 % der Laien und 63 % der professionellen Philosophinnen, dass es im Bystander-Fall zulässig ist, die Weiche umzustellen. Nehmen wir nun den Fall eines selbstfahrenden Autos, das in eine Gruppe von fünf Personen hineinfährt (und sie alle tötet), wenn es so programmiert ist, dass es auf der Spur bleibt, oder das einen von ihnen tötet, wenn es so programmiert ist, dass es ausweicht. Wenn man davon ausgeht, dass dieses Szenario dem Bystander-Fall moralisch ähnlich ist, ist es auch zulässig, selbstfahrende Autos so zu programmieren, dass sie ausweichen (und dabei einen Menschen töten), um eine größere Gruppe von Menschen zu retten. Wenn die beiden Fälle moralisch ähnlich sind, rechtfertigen sie dasselbe moralische Urteil. Die Erörterung des Trolley-Problems stützt daher ebenfalls die Ansicht, dass so viele Leben wie möglich gerettet werden sollten (Paulo 2023).

Zusammenfassend sprechen sowohl die kantische Deontologie im Verständnis der deutschen Ethik-Kommission als auch eine Interpretation des Kontraktualismus dagegen, selbstfahrende Autos so zu programmieren, dass sie immer dazu führen, möglichst viele Leben zu retten. Sie würden andere Lösungen vorschlagen, z. B. dass die Autos auf der Spur bleiben und den- bzw. diejenigen töten, die sich auf der Spur befinden, oder dass ein Zufallsgenerator entscheidet. Alle anderen hier diskutierten Moraltheorien sprechen sich dafür aus, Autos so zu programmieren, dass sie so viele Leben wie möglich retten. Alles in allem unterstützt die Mehrheit der diskutierten (Interpretationen von) Moraltheorien die in Studien mit und ohne Zwangsdesign gefundene Präferenz, nämlich möglichst viele Leben zu retten. Die Menschenrechte stehen einer solchen Schlussfolgerung wohl nicht im Wege (Kirchmair 2023). Dieses Urteil wird jedoch nicht von allen Rechtswissenschaftlerinnen geteilt. So wird das Grundrecht auf Menschenwürde nach Ansicht der meisten Juristen in Deutschland im Sinne der oben genannten Argumentation der Ethik-Kommission Automatisiertes und Vernetztes Fahren interpretiert, nämlich so, dass es die Abwägung von Menschenleben und damit den Vorrang einer größeren Gruppe vor einer kleineren verbietet. Dies ist aber zumindest nicht die einzig mögliche Interpretation von Kant und so wohl auch nicht die einzig mögliche Interpretation der in Art. 1 des Grundgesetzes verankerten Menschenwürdegarantie (Poscher 2021).

Empirische Studien weisen eine starke öffentliche Moral für die Rettung möglichst vieler Menschen aus – auch auf Kosten einer kleineren Menschengruppe. Wenn ein Auto entweder eine Person oder eine Gruppe von zwei oder mehr Personen retten kann (auf Kosten der einen Person), bevorzugen die meisten eine Programmierung, die zur Rettung möglichst vieler Menschen führt. Viele der relevanten Moraltheorien unterstützen diese öffentliche Moral. Selbst die Theorien, die sich gegen eine Programmierung aussprechen, die immer zur Rettung so vieler Menschenleben wie möglich führt, schlagen nicht vor, die wenigen zu retten. Vielmehr schlagen sie vor, dass sowohl die Rettung der einen Person als auch die Rettung der größeren Gruppe moralisch gerechtfertigt wäre. Eine Konsequenz daraus könnte sein, dass die Autos die Spur halten und eben die Person bzw. Personen töten, der sich auf der Strecke befinden, oder dass die Entscheidung nach dem Zufallsprinzip getroffen wird.

Die aktuellen gesetzlichen Regelungen schweigen zu diesem Thema, ebenso wie die Kommission, die die Europäische Kommission berät. Die deutsche Ethik-Kommission Automatisiertes und Vernetztes Fahren scheint in diesem Punkt uneins zu sein. Zumindest für solche Situationen, in denen das außer Kontrolle geratene Auto auf ein und dieselbe Gruppe zusteuert und nur noch so umgeleitet werden kann, dass es eine kleinere Anzahl von Personen aus genau dieser Gruppe trifft (anstatt alle Personen dieser Gruppe), hat die Kommission die Möglichkeit vorgeschlagen, dass eine Programmierung zur Reduzierung der Zahl der Opfer moralisch vertretbar wäre.

Wir sprechen uns für eine Regulierung aus, nach der eine größere Personengruppe gegenüber einer kleineren Personengruppe prioritär gerettet wird. Die öffentliche Moral wie die meisten Moraltheorien sprechen hierzu eine klare Sprache. Selbst die Menschenrechte sprechen nicht eindeutig gegen unsere Empfehlung, da es eben nicht die einzig vertretbare Auffassung der Menschenwürde ist, dass es in jeder Situation geboten wäre, die Anzahl an potentiell zu rettenden Menschen zu ignorieren.

6

Fazit

Selbstfahrende Autos sollten auf öffentlichen Straßen erlaubt sein: Alles in allem scheint es wünschenswert, selbstfahrende Autos auf den Straßen zuzulassen. Sie können die Mobilität für diejenigen erhöhen, die nicht selbst fahren können, und sie können die Steuerung des Verkehrs verbessern, was zu einer umweltfreundlicheren Mobilität beitragen könnte. Vor allem aber werden selbstfahrende Autos die Zahl der Verkehrstoten erheblich senken. Aufgrund dieses Versprechens ist es wichtig, selbstfahrende Autos so zu regulieren, dass sie die Menschen nicht von ihrer Nutzung abhalten. Wenn einige Entscheidungen im Zusammenhang mit selbstfahrenden Autos bei tödlichen Unfällen gegen wichtige moralische Präferenzen der Betroffenen verstoßen, sind diese möglicherweise derart empört, dass sie sich gegen den Einsatz solcher Autos sträuben. Die moralischen Gründe für selbstfahrende Autos lassen sich mit dem alten moralischen Grundsatz *primum* *non nocere* („erstens nicht schaden") erklären. Aus rechtlicher Sicht beinhaltet das Recht auf Leben (eines der grundlegendsten individuellen Rechte) die Verpflichtung des Staates, Vorsichtsmaßnahmen zu ergreifen, um gefährliche Situationen zu verhindern. Selbstfahrende Autos auf öffentlichen Straßen zuzulassen, reduziert Schäden; daher sollten sie auf öffentlichen Straßen zugelassen werden.

Autounfälle wird es weiterhin geben, und moralische Dilemmata sind unvermeidlich: Trotz des Versprechens einer verbesserten Sicherheit wird es weiterhin Autounfälle geben. Wie wir aus historischen Beispielen gelernt haben, kann es selbst bei einer Geschwindigkeit von nur 6 km/h Todesopfer geben. Angesichts der technischen Gefahren und der Probleme des gemischten Verkehrs wäre die einzige Möglichkeit, das Unfallrisiko auf null zu reduzieren, den Autoverkehr ganz einzustellen. Dies wird nicht geschehen. Die Innovation selbstfahrender Autos bietet uns eine neue, erstaunliche und gleichzeitig heikle Möglichkeit, im Voraus zu entscheiden, was in welcher Unfallsituation geschehen soll. Wir müssen also eine Regelung für eine sehr unangenehme Situation finden. Es gibt keine Patentlösung; es gibt keine Möglichkeit, dass die Regulierung der Programmierung für alle potentiell Betroffenen vorteilhaft ist. Vor diesem Hintergrund stellen Regulierungen eine schwierige Herausforderung dar. Es muss entschieden werden, wie die Bürden selbstfahrender Autos verteilt werden sollen. Zum ersten Mal in der Geschichte können wir als Gesellschaft im Voraus entscheiden, wem wir schaden und wen wir retten wollen. Es geht darum, nach sorgfältiger Überlegung Entscheidungen in moralischen Dilemmata zu treffen.

Eine (neue) Regelung ist notwendig: Die Vorteile der neuen Technologie sind ein Schritt nach vorne, aber sie erfordern neue Regelungen. Die Technologie selbstfahrender Autos bringt Innovationen mit sich, die die Funktionsweise der Regulierung des Straßenverkehrs in Frage stellen. Während früher Menschen die Adressaten der Verkehrsregeln waren, sind es heute Maschinen. Es ist nicht so, dass selbstfahrende Autos selbstständig agierende autonome Akteure sein werden, aber die Regulierung der Programmierung selbstfahrender Autos unterscheidet sich dennoch von der Regulierung des menschlichen Verkehrs.

Individuen sollten nicht selbst entscheiden, wie sie ihre selbstfahrenden Autos für Dilemma-Situationen programmieren: Menschen bevorzugen im Allgemeinen selbstfahrende Autos, die das „öffentliche Wohl" fördern. Das heißt, Autos sollten so programmiert sein, dass sie so viele Menschen wie möglich retten. Allerdings würden die meisten Menschen gleichzeitig lieber kein selbstfahrendes Auto kaufen, das so programmiert ist, dass es seine Passagiere für das Allgemeinwohl opfert. Diesem „sozialen Dilemma" kann durch gesetzliche Regelungen vorgebeugt werden: Eine einigermaßen ausgewogene Verteilung der negativen Belastungen durch selbstfahrende Autos sollte für jedes selbstfahrende Auto, das auf öffentlichen Straßen zugelassen ist, verpflichtend sein. Wenn es den Menschen erlaubt wäre, ihre Autos selbst zu programmieren, könnten sich auch die koordinativen Vorteile dieser Autos in Luft auflösen. Die Fähigkeit, das Verhalten selbstfahrender Autos zu koordinieren, ist ein wichtiger Faktor für ihre überlegene Sicherheit.

Es ist keine Option, keine Entscheidung zu treffen: Selbstfahrende Autos müssen auf die eine oder andere Weise für Unfallszenarien programmiert werden. Sie werden unweigerlich einigen schaden und andere retten. Die Zunahme selbstfahrender Autos ist daher sowohl ein Geschenk als auch eine Bürde. Selbstfahrende Autos bieten die Chance, viele Leben zu retten. Aber sie zwingen uns auch dazu, zu entscheiden, wer sterben muss, um andere in Dilemma-Situationen zu retten. Diese Schwierigkeit kann nicht überwunden werden, indem man solche moralischen Dilemmata nicht regelt. Keine Entscheidung zu treffen, ist auch eine Entscheidung, denn Unfälle werden weiterhin passieren und jede Programmierung wird zu negativen Ergebnissen führen. Noch wichtiger ist, dass die Fähigkeit, selbstfahrende Autos zu steuern und sie so zu programmieren, dass sie bestimmte Ergebnisse erzielen, bedeutet, dass Autohersteller diese Macht nutzen können, um ihre Interessen und die ihrer Kundinnen zu begünstigen, was wahrscheinlich nicht im Interesse der Gesellschaft als Ganzes liegt. Insbesondere Fußgängerinnen und Radfahrerinnen könnten das Nachsehen haben, da die Autohersteller wahrscheinlich dazu motiviert sind, Autos herzustellen, die die Passagiere bevorzugen, da diese die Autos kaufen. Die Frage, wie Entscheidungen über moralische Dilemmata im Zusammenhang mit selbstfahrenden Autos getroffen werden sollen, muss daher vom Gesetzgeber beantwortet werden.

Die Einführung von Vorschriften ist eine dringende Angelegenheit: Die Einführung angemessener Vorschriften ist sehr wichtig und dringend. Die Technologie selbstfahrender Autos entwickelt sich rasant, und die Macht, zu entscheiden, wer überlebt und wer stirbt, wird zu einer dringenden Angelegenheit. Das Thema ist hochaktuell, da die zentrale Frage sehr bald uns alle direkt betreffen wird.

Vorschriften für Maschinen müssen anders gestaltet werden als Vorschriften für Menschen: Während Menschen beispielsweise zwischen den Zeilen lesen, abstrakte Sprache verstehen und abstrakte Prinzipien in Betracht ziehen können, wenn es keine konkrete Regel gibt, können Maschinen dies nicht. Regeln für Maschinen müssen in einer Sprache verfasst sein, die Maschinen verstehen können, in einer sehr präzisen Binärsprache, die jede Situation vorwegnimmt und konkrete Vorschriften für diese bereitstellt. Daher muss die Regulierung selbstfahrender

Autos umfassend sein und zum „Code sprechen" (Sütfeld u. a. 2025).

Vorschriften für Maschinen müssen die Balance zwischen der Festlegung von Grenzen für Autohersteller und der Vermeidung zu vieler Wettbewerbsbeschränkungen finden: Trotz der Herausforderung und der Notwendigkeit konkreter Vorschriften wäre es ein Fehler, per Gesetz eine allzu spezifische Programmierung für selbstfahrende Autos vorzuschreiben. Der Wettbewerb zwischen verschiedenen Autoherstellern kann dazu beitragen, die beste Softwarelösung für unterschiedliche Situationen zu finden. Die Vorschriften sollten jedoch nicht zu abstrakt sein. Sonst haben Privatunternehmen zu viel Spielraum, um ihre eigenen Interessen in den Vordergrund zu stellen.

Wahrscheinlichkeiten sind wichtig: Neben diesen Fragen gibt es noch andere Aspekte, die bei der Regulierung des Unfallverhaltens selbstfahrender Autos zu berücksichtigen sind. Wir werden uns auch mit Wahrscheinlichkeiten auseinandersetzen müssen. Wenn alle anderen Faktoren gleich sind, müssen wir zwei verschiedene Ergebnisse anhand der berechneten Wahrscheinlichkeit ihres Eintretens abwägen.

Das Gleichgewicht zwischen verschiedenen Aspekten muss reguliert werden: Das bedeutet, dass wir insgesamt eine Regulierung brauchen, die selbstfahrende Autos dazu verpflichtet, alle hier genannten Aspekte und Empfehlungen zu berücksichtigen, und die vor allem auch Richtlinien dafür vorgibt, wie widersprüchliche Aspekte gegeneinander abgewogen werden sollen.

Eine gewisse Form der Verantwortung für das eigene Handeln ist wichtig: Derzeit muss sich jeder an die Verkehrsregeln halten, und das sollte sich auch mit selbstfahrenden Autos nicht ändern. Wenn also Person A durch sein plötzliches, unerwartetes Verhalten, wie z. B. das riskante Überqueren der Straße, einen Unfall verursacht, sollte die Konsequenz nicht sein, dass Person B, die alle Regeln befolgt hat, dafür zahlen muss, nur weil B z. B. Teil einer kleineren Gruppe ist. Das ist wichtig, denn so funktioniert das derzeitige Verkehrsrecht. Wenn sich dies ändern würde, würden sich die Menschen unsicher fühlen, die Straße zu überqueren, selbst wenn die Ampel grün ist, weil eine größere Gruppe von Fußgängern, die bei Rot die Straße überquert, dafür sorgen könnte, dass die einzelne Person getötet wird. Ein anderer Fall verdeutlicht ebenso, warum Regeln wichtig sind. Normalerweise schreiben die Verkehrsregeln vor, dass Motorradfahrer einen Helm tragen müssen. Wenn also ein selbstfahrendes Auto entscheiden muss, ob es einen Motorradfahrer mit oder einen ohne Helm überfahren soll, sollte die Tatsache, dass einer seinen Kopf schützt, nicht gegen dessen Rettung sprechen. Auch wenn der Motorradfahrer ohne Helm sicherlich gefährdeter ist, würde eine solche Priorisierung von verantwortungsbewusstem Verhalten abhalten und wäre auf lange Sicht schädlich. Kurz gesagt, derjenige, der ein Mobilitätsrisiko verursacht hat, hat eine zusätzliche Last zu tragen. Dies sollte sich auch in der Programmierung für selbstfahrende Autos widerspiegeln.

All dies soll verdeutlichen, dass die Regeln, die wir im vorherigen Kapitel für Dilemma-Situationen vorgeschlagen haben – Risiko reduzieren; Menschen priorisieren; sozialen Status, Geschlecht und Alter nicht berücksichtigen; so viele Leben wie möglich retten; Regeln respektieren –, nur ein Element der komplexen Vorschriften sind, die für selbstfahrende Autos erforderlich sind.

Wenn wir die wichtigste Erkenntnis dieses Buches auf den Punkt bringen müssten, wäre es, dass die meisten Menschen die moralische Präferenz haben, möglichst viele Menschenleben zu retten. Einige (zugegebenermaßen nicht alle) Moraltheorien stützen diese Ansicht.

Interessanterweise ist dies aber nicht das, was die aktuellen Gesetze zu selbstfahrenden Autos wie das deutsche Gesetz zum autonomen Fahren von 2021 besagen. Wir sind der Meinung, dass dies geändert werden sollte. Das Gesetz sollte die öffentliche Moral widerspiegeln, wenn sie in wichtigen Moraltheorien Unterstützung findet und nicht gegen die Menschenrechte verstößt. Alle verfügbaren empirischen Studien scheinen eine solche Programmierung zu unterstützen, selbst wenn – und das ist wichtig – den Befragten eine dritte Option angeboten wird, nämlich beide Gruppen trotz des Unterschieds in der Anzahl gleich zu behandeln.

Im Gegensatz dazu raten wir Gesetzgebern nicht, jüngere Leben gegenüber älteren zu bevorzugen, wie es beispielsweise die Forscher hinter dem *Moral Machine Experiment* vorschlagen, da dies aus moralphilosophischer Sicht umstritten ist, empirische Erkenntnisse eine solche Präferenz nicht eindeutig stützen und sie schließlich gegen die Menschenrechte verstößt. Während eine solche Präferenz im *Moral Machine Experiment* und anderen Studien statistisch signifikant zu sein scheint, ändert sich dies radikal, wenn die Befragten die Möglichkeit erhalten, jüngere und ältere Leben gleich zu behandeln.

Zusätzlich zu diesen Erkenntnissen und trotz einiger empirischer Studien, die das Gegenteil nahelegen, wollen die meisten nicht zwischen Menschen mit unterschiedlichen persönlichen Merkmalen unterscheiden. Es wäre daher falsch, Frauen gegenüber Männern oder Ärzte gegenüber Obdachlosen zu bevorzugen.

Drei Punkte – Schadensminderung (auch in dem Maße, dass größere Gruppen wichtiger sind als kleinere Gruppen), Priorisierung des menschlichen Lebens und Verbot der Rettung menschlichen Lebens auf der Grundlage persönlicher Merkmale – scheinen das absolute Minimum zu sein, das nicht Einzelpersonen oder

Unternehmen zur Entscheidung überlassen werden sollte. Egal, wie viel Sie für Ihr selbstfahrendes Auto bezahlen, es gibt Ihnen nicht das Recht, Ihr Auto so zu programmieren, dass es ein bestimmtes Geschlecht, eine bestimmte Hautfarbe oder ein bestimmtes Alter schützt oder schädigt.

Das wichtigste Ergebnis ist unserer Meinung nach jedoch, dass die Meinung von Laien zählt, wenn es um moralische Dilemmata geht. Dies gilt insbesondere im Zusammenhang mit moralischen Dilemmata bei Unfällen mit selbstfahrenden Autos, da solche Autos wahrscheinlich schon bald Teil unseres Alltags sein werden. Daher sollten wir alle ein Mitspracherecht bei der Regelung so sensibler Fragen wie Entscheidungen über Leben und Tod haben, in die wir eines Tages verwickelt sein könnten.

Die Ergebnisse empirischer Studien können sich mit verbesserter Methodik oder sich ändernden Präferenzen im Laufe der Zeit und in verschiedenen Regionen weiterentwickeln. Auch Moraltheorien sind nicht in Stein gemeißelt. Sie hängen von Moralphilosophinnen und ihren Interpretationen ab, die sich im Laufe der Zeit ebenfalls ändern. Wenn die Lektüre dieses Buches einen kleinen Beitrag zu einer breiteren öffentlichen Debatte über ein so wichtiges Thema geleistet hat, bei der Sie Ihre Position, die Position Ihrer Nachbarn und die Meinung von Expertinnen berücksichtigen können, dann haben wir unser Ziel erreicht.

Literatur

Abarbanell, Linda, und Marc D. Hauser. 2010. „Mayan Morality: An Exploration of Permissible Harms". *Cognition* 115 (2): 207–24. https://doi.org/10.1016/j.cognition.2009.12.007.

Ahlenius, Henrik, und Torbjörn Tännsjö. 2012. „Chinese and Westerners Respond Differently to the Trolley Dilemmas". *Journal of Cognition and Culture* 12 (3–4): 195–201.

Awad, Edmond, Sohan Dsouza, Richard Kim, Jonathan Schulz, Joseph Henrich, Azim Shariff, Jean-François Bonnefon, und Iyad Rahwan. 2018. „The Moral Machine Experiment". *Nature* 563 (7729): 59–64. https://doi.org/10.1038/s41586-018-0637-6.

Banerjee, Konika, Bryce Huebner, und Marc Hauser. 2010. „Intuitive Moral Judgments Are Robust across Variation in Gender, Education, Politics and Religion: A Large-Scale Web-Based Study". *Journal of Cognition and Culture* 10 (3–4): 253–81. https://doi.org/10.1163/156853710X531186.

Bartels, Daniel M., und David A. Pizarro. 2011. „The mismeasure of morals: Antisocial personality traits predict utilitarian responses to moral dilemmas". *Cognition* 121 (1): 154–61. https://doi.org/10.1016/j.cognition.2011.05.010.

Behrends, Jeff, und John Basl. 2022. „Trolleys and Autonomous Vehicles: New Foundations for the Ethics of Machine Learning". In *Autonomous Vehicle Ethics: The Trolley Problem and Beyond*, herausgegeben von Ryan Jenkins, David Cerny, und Tomas Hribek, 58–79. New York: Oxford University Press. https://doi.org/10.1093/oso/9780197639191.003.0004.

Bentham, Jeremy. 1977. *A Comment on the Commentaries and A Fragment on Government*. Herausgegeben von James Henderson Burns und Herbert Lionel Adolphus Hart. The collected works of Jeremy Bentham. London: Athlone Press.

Bergmann, Lasse T., Larissa Schlicht, Carmen Meixner, Peter König, Gordon Pipa, Susanne Boshammer, und Achim Stephan. 2018. „Autonomous Vehicles Require Socio-Political Acceptance – An Empirical and Philosophical Perspective on the Problem of Moral Decision Making". *Frontiers in Behavioral Neuroscience* 12 (Februar). https://doi.org/10.3389/fnbeh.2018.00031.

Bigman, Yochanan E., und Kurt Gray. 2020. „Life and Death Decisions of Autonomous Vehicles". *Nature* 579 (7797): E1–2. https://doi.org/10.1038/s41586-020-1987-4.

Bodenschatz, Anja, Matthias Uhl, und Gari Walkowitz. 2021. „Autonomous systems in ethical dilemmas: Attitudes toward randomization". *Computers in Human Behavior Reports* 4 (August):100145. https://doi.org/10.1016/j.chbr.2021.100145.

Bond, Shannon. 2018. „Uber resumes autonomous vehicle testing". *Financial Times*, 20. Dezember 2018. https://www.ft.com/content/771300d6-03ce-11e9-99df-6183d3002ee1.

Bonnefon, Jean-François. 2021. *The Car That Knew Too Much: Can a Machine Be Moral?* Cambridge, MA: MIT Press.

Bonnefon, Jean-François, Azim Shariff, und Iyad Rahwan. 2016. „The Social Dilemma of Autonomous Vehicles". *Science* 352 (6293): 1573–76. https://doi.org/10.1126/science.aaf2654.

Boshammer, Susanne. 2008. „Von schmutzigen Händen und reinen Gewissen – Konflikte und Dilemmata als Problem der Ethik". In *Grundkurs Ethik*, herausgegeben von Johann

S. Ach, Kurt Bayertz, und Ludwig Siep, 3. Aufl., 1:143–61. Paderborn: mentis.

Bostyn, Dries, Sybren Sevenhant, und Arne Roets. 2018. „Of Mice, Men, and Trolleys: Hypothetical Judgment Versus Real-Life Behavior in Trolley-Style Moral Dilemmas – Dries H. Bostyn, Sybren Sevenhant, Arne Roets, 2018". *Psychological Science* 29 (7): 1084–93. https://doi.org/10.1177/0956797617752640.

Bourget, David, und David J. Chalmers. 2020. „Philosophers on Philosophy: The PhilPapers 2020 Survey". https://survey2020.philpeople.org/.

Bowman-Smart, Hilary, Julian Savulescu, Cara Mand, Christopher Gyngell, Mark D. Pertile, Sharon Lewis, und Martin B. Delatycki. 2019. „,Is It Better Not to Know Certain Things?': Views of Women Who Have Undergone Non-Invasive Prenatal Testing on Its Possible Future Applications". *Journal of Medical Ethics* 45 (4): 231–38. https://doi.org/10.1136/medethics-2018-105167.

Brink, David. 2007. *Mill's Moral and Political Philosophy*. https://plato.stanford.edu/entries/mill-moral-political/#HarPri.

Bruers, Stijn, und Johan Braeckman. 2014. „A Review and Systematization of the Trolley Problem". *Philosophia* 42 (2): 251–69. https://doi.org/10.1007/s11406-013-9507-5.

Buolamwini, Joy, und Timnit Gebru. 2018. „Gender Shades: Intersectional Accuracy Disparities in Commercial Gender Classification". In *Proceedings of the 1st Conference on Fairness, Accountability and Transparency*, 77–91. PMLR. https://proceedings.mlr.press/v81/buolamwini18a.html.

Černý, David. 2022. „Autonomous Vehicles, the Badness of Death, and Discrimination". In *Autonomous Vehicle Ethics: The Trolley Problem and Beyond*, herausgegeben von Ryan Jenkins, David Cerny, und Tomas Hribek, 20–40. New York: Oxford University Press. https://doi.org/10.1093/oso/9780197639191.003.0002.

Cikara, Mina, Rachel A. Farnsworth, Lasana T. Harris, und Susan T. Fiske. 2010. „On the Wrong Side of the Trolley Track: Neural Correlates of Relative Social Valuation". *Social*

Cognitive and Affective Neuroscience 5 (4): 404–13. https://doi.org/10.1093/scan/nsq011.

Cohen, Joshua. 2011. *The Arc of the Moral Universe and Other Essays*. Cambridge, MA: Harvard University Press.

Costa, Albert, Alice Foucart, Sayuri Hayakawa, Melina Aparici, Jose Apesteguia, Joy Heafner, und Boaz Keysar. 2014. „Your Morals Depend on Language". *PLOS ONE* 9 (4): e94842. https://doi.org/10.1371/journal.pone.0094842.

Cushman, Fiery. 2013. „Action, Outcome, and Value: A Dual-System Framework for Morality". *Personality and Social Psychology Review* 17 (3): 273–92. https://doi.org/10.1177/1088868313495594.

De Freitas, Julian, Sam E. Anthony, Andrea Censi, und George A. Alvarez. 2020. „Doubting Driverless Dilemmas". *Perspectives on Psychological Science* 15 (5): 1284–88. https://doi.org/10.1177/1745691620922201.

De Freitas, Julian, und Mina Cikara. 2021. „Deliberately Prejudiced Self-Driving Vehicles Elicit the Most Outrage". *Cognition* 208 (März):104555. https://doi.org/10.1016/j.cognition.2020.104555.

Demaree-Cotton, Joanna, und Guy Kahane. 2025. „Moral Dilemmas". In *The Cambridge Handbook of Moral Psychology*, herausgegeben von Philip Robbins und Bertram Malle. Cambridge: Cambridge University Press.

Deutsches Patent- und Markenamt. 2022. „Bertha Benz". 1. Januar 2022. https://www.dpma.de/english/our_office/publications/ingeniouswomen/berthabenz/index.html.

Dingus, Thomas A., Feng Guo, Suzie Lee, Jonathan F. Antin, Miguel Perez, Mindy Buchanan-King, und Jonathan Hankey. 2016. „Driver Crash Risk Factors and Prevalence Evaluation Using Naturalistic Driving Data". *Proceedings of the National Academy of Sciences* 113 (10): 2636–41. https://doi.org/10.1073/pnas.1513271113.

Donnelly, Jack. 2007. „The Relative Universality of Human Rights". *Human Rights Quarterly* 29 (2): 281–306.

Dreier, Horst. 2007. „Grenzen des Tötungsverbotes – Teil 1". *JuristenZeitung* 62 (6): 261–70. https://doi.org/10.1628/002268807780282749.

Driver, Julia. 2012. *Consequentialism*. New York: Routledge Chapman & Hall.
Edmonds, David. 2015. *Würden SIE den dicken Mann töten?: Das Trolley-Problem und was uns Ihre Antwort über Richtig und Falsch verrät*. Übersetzt von Ute Kruse-Ebeling. Stuttgart: Reclam.
Eschner, Kat. 2017. „Henry Bliss, America's First Pedestrian Fatality, Was Hit By an Electric Taxi". *Smithsonian Magazine* 13 September 2017. https://www.smithsonianmag.com/smart-news/henry-bliss-americas-first-pedestrian-fatality-was-hit-electric-taxi-180964852/.
Ethik-Kommission. 2017. „Automatisiertes und Vernetztes Fahren". Deutsche Ethik-Kommission. https://www.bmvi.de/SharedDocs/DE/Publikationen/DG/bericht-der-ethik-kommission.pdf?__blob=publicationFile.
European Commission Expert Group. 2020. „Ethics of Connected and Automated Vehicles: recommendations on road safety, privacy, fairness, explainability and responsibility". Brussels. https://op.europa.eu/o/opportal-service/download-handler?identifier=89624e2c-f98c-11ea-b44f-01aa-75ed71a1&format=pdf&language=en&productionSystem=cellar&part=.
Faulhaber, Anja K., Anke Dittmer, Felix Blind, Maximilian A. Wächter, Silja Timm, Leon R. Sütfeld, Achim Stephan, Gordon Pipa, und Peter König. 2019. „Human Decisions in Moral Dilemmas Are Largely Described by Utilitarianism: Virtual Car Driving Study Provides Guidelines for Autonomous Driving Vehicles". *Science and Engineering Ethics* 25 (2): 399–418. https://doi.org/10.1007/s11948-018-0020-x.
Feldle, Jochen. 2018. *Notstandsalgorithmen: Dilemmata im automatisierten Straßenverkehr*. Baden-Baden: Nomos.
Fischer, Jessica J. T. 2021. „Counting People and Making People Count". *Philosophy* 96 (2): 229–52. https://doi.org/10.1017/S003181912000042X.
Foot, Philippa. 2003. „The Problem of Abortion and the Doctrine of Double Effect". In *Virtues and Vices*, 19–32. Oxford; New York: Oxford University Press.

Fossa, Fabio. 2024. *Ethics of Driving Automation: Artificial Agency and Human Values*. 1st ed. 2023 Edition. Springer.

Francis, K. B., S. Terbeck, R. A. Briazu, A. Haines, M. Gummerum, G. Ganis, und I. S. Howard. 2017. „Simulating Moral Actions: An Investigation of Personal Force in Virtual Moral Dilemmas". *Scientific Reports* 7 (1): 1–11. https://doi.org/10.1038/s41598-017-13909-9.

Freeman, Samuel. 2019. „Original Position". In *The Stanford Encyclopedia of Philosophy*, herausgegeben von Edward N. Zalta, Summer 2019. Metaphysics Research Lab, Stanford University. https://plato.stanford.edu/archives/sum2019/entries/original-position/.

Fried, Barbara H. 2012. „What Does Matter? The Case for Killing the Trolley Problem (Or Letting It Die)". *The Philosophical Quarterly* 62 (248): 505–29. https://doi.org/10.1111/j.1467-9213.2012.00061.x.

Friesdorf, Rebecca, Paul Conway, und Bertram Gawronski. 2015. „Gender Differences in Responses to Moral Dilemmas: A Process Dissociation Analysis". *Personality and Social Psychology Bulletin* 41 (5): 696–713. https://doi.org/10.1177/0146167215575731.

Fumagalli, Manuela, Maurizio Vergari, Patrizio Pasqualetti, Sara Marceglia, Francesca Mameli, Roberta Ferrucci, Simona Mrakic-Sposta, u. a. 2010. „Brain Switches Utilitarian Behavior: Does Gender Make the Difference?" *PLOS ONE* 5 (1): e8865. https://doi.org/10.1371/journal.pone.0008865.

Furey, Heidi, und Scott Hill. 2021. „MIT's Moral Machine Project Is a Psychological Roadblock to Self-Driving Cars". *AI and Ethics* 1 (2): 151–55. https://doi.org/10.1007/s43681-020-00018-z.

Gabriel, Iason. 2020. „Artificial Intelligence, Values, and Alignment". *Minds and Machines* 30 (3): 411–37. https://doi.org/10.1007/s11023-020-09539-2.

Gleichgerrcht, Ezequiel, und Liane Young. 2013. „Low Levels of Empathic Concern Predict Utilitarian Moral Judgment". *PLOS ONE* 8 (4): e60418. https://doi.org/10.1371/journal.pone.0060418.

Gogoll, Jan, und Julian F. Müller. 2017. „Autonomous Cars: In Favor of a Mandatory Ethics Setting". *Science and Engineering Ethics* 23 (3): 681–700. https://doi.org/10.1007/s11948-016-9806-x.
Gold, Natalie, Andrew Colman, und Briony Pulford. 2014. „Cultural differences in responses to real-life and hypothetical trolley problems". *Judgment and Decision Making* 9 (1): 65–76.
Goodall, Noah J. 2014. „Machine Ethics and Automated Vehicles". In *Road Vehicle Automation*, herausgegeben von Gereon Meyer und Sven Beiker, 93–102. Lecture Notes in Mobility. Cham: Springer International Publishing. https://doi.org/10.1007/978-3-319-05990-7_9.
Google Walkout For Real Change. 2020. „Standing with Dr. Timnit Gebru – #ISupportTimnit #BelieveBlackWomen". *Medium* (blog). 15. Dezember 2020. https://googlewalkout.medium.com/standing-with-dr-timnit-gebru-isupporttimnit-believeblackwomen-6dadc300d382.
Grabenwarter, Christoph, und Katharina Pabel. 2021. *Europäische Menschenrechtskonvention: Ein Studienbuch*. Seventh edition. Munich; Vienna; Basel: C.H. Beck; Manz; HLV.
Grundmann, Thomas, Joachim Horvath, und Jens Kipper, Hrsg. 2014. *Die Experimentelle Philosophie in der Diskussion*. Berlin: Suhrkamp.
Guyer, Paul. 2014. *Kant*. 2. Aufl. London: Routledge.
Harris, John. 2020. „The Immoral Machine". *Cambridge Quarterly of Healthcare Ethics* 29 (1): 71–79. https://doi.org/10.1017/S096318011900080X.
Hart, H. L. A. 1982. *Essays on Bentham: Jurisprudence and Political Philosophy*. Oxford; New York: Oxford University Press.
Hauser, Marc, Fiery Cushman, Liane Young, R. Kang-Xing Jin, und John Mikhail. 2007. „A Dissociation Between Moral Judgments and Justifications". *Mind & Language* 22 (1): 1–21. https://doi.org/10.1111/j.1468-0017.2006.00297.x.
Henning, Tim. 2019. *Allgemeine Ethik*. Basiswissen Philosophie. Paderborn: UTB. https://elibrary.utb.de/doi/book/10.36198/9783838552408.

Henning, Tim. 2024. „Numbers without Aggregation". *Noûs* 58 (3): 755–77. https://doi.org/10.1111/nous.12475.

Henrich, Joseph. 2022. *Die seltsamsten Menschen der Welt: Wie der Westen reichlich sonderbar und besonders reich wurde.* Übersetzt von Frank Lachmann und Jan-Erik Strasser. Berlin: Suhrkamp.

Hilgendorf, Eric. 2018. „The Dilemma of Autonomous Driving: Reflections on the Moral and Legal Treatment of Automatic Collision Avoidance Systems". In *Digitization and the Law*, herausgegeben von Eric Hilgendorf und Jochen Feldle, 57–90. Baden-Baden: Nomos.

Hilgendorf, Eric. 2021. „Straßenverkehrsrecht der Zukunft". *JuristenZeitung* 76 (9): 444–54. https://doi.org/10.1628/jz-2021-0145.

Hoffrage, Ulrich. 2022. „Overconfidence". In *Cognitive Illusions*, herausgegeben von Rüdiger Pohl, 3. Aufl., 235–54. London: Routledge.

Honda. 2021. „Honda to Begin Sales of Legend with New Honda SENSING Elite | Honda Global Corporate Website". *Honda Global.* https://global.honda/en/newsroom/news/2021/4210304eng-legend.html.

Horvath, Joachim, und Steffen Koch. 2021. „Experimental Philosophy and the Method of Cases". *Philosophy Compass* 16 (1): e12716. https://doi.org/10.1111/phc3.12716.

Howland, S. A. 1840. *Steamboat disasters and railroad accidents in the United States.* Worcester: W. Lazell.

Huang, Karen, Joshua D. Greene, und Max Bazerman. 2019. „Veil-of-Ignorance Reasoning Favors the Greater Good". *Proceedings of the National Academy of Sciences*, November. https://doi.org/10.1073/pnas.1910125116.

Huemer, Michael. 2008. „Revisionary Intuitionism". *Social Philosophy and Policy* 25 (1): 368–92. https://doi.org/10.1017/S026505250808014X.

Information Britain. 2010. „The 12th of February 1898 AD, Britains 1st Car Crash Fatality". https://www.information-britain.co.uk/famdates.php?id=877.

Iserson, Kenneth V., und John C. Moskop. 2007. „Triage in Medicine, Part I: Concept, History, and Types". *Annals of emergency medicine* 49 (3): 275–81. https://doi.org/10.1016/j.annemergmed.2006.05.019.

Jones, Rachyl. 2024. „Exclusive: Mercedes Becomes the First Automaker to Sell Autonomous Cars in the U.S. That Don't Come with a Requirement That Drivers Watch the Road". *Fortune*. https://fortune.com/2024/04/18/mercedes-self-driving-autonomous-cars-california-nevada-level-3-drive-pilot/.

Kamm, F. M. 2016. *The Trolley Problem Mysteries*. Herausgegeben von Eric Rakowski. Oxford; New York: Oxford University Press.

Kanter, Olaf. 2024. „Autonomes Fahren: Kraftfahrt-Bundesamt erwartet bald breiten Einsatz von Robo-Bussen". *Der Spiegel*, 23. November 2024, Abschn. Mobilität. https://www.spiegel.de/auto/kraftfahrt-bundesamt-erwartet-schon-bald-breiten-einsatz-von-robo-bussen-a-a5df2fad-5ce9-481f-a449-8e8de8c67f81.

Kerstein, Samuel J. 2013. *How to Treat Persons*. Oxford: Oxford University Press.

Kirchmair, Lando. 2023. „How to Regulate Moral Dilemmas Involving Self-Driving Cars: The 2021 German Act on Autonomous Driving, the Trolley Problem, and the Search for a Role Model". *German Law Journal* 24 (7): 1184–1208. https://doi.org/10.1017/glj.2023.83.

Kleingeld, Pauline. 2020. „A Kantian Solution to the Trolley Problem". In *Oxford Studies in Normative Ethics*, herausgegeben von Mark Timmons, 204–28. Oxford: Oxford University Press. https://doi.org/10.1093/oso/9780198867944.003.0010.

Kohler, Josef. 1915. „Das Notrecht". *Archiv für Rechts- und Wirtschaftsphilosophie* 8 (4): 411–49.

Korbmacher, Max, Flavio Azevedo, Charlotte R. Pennington, Helena Hartmann, Madeleine Pownall, Kathleen Schmidt, Mahmoud Elsherif, u. a. 2023. „The Replication Crisis Has Led to Positive Structural, Procedural, and Community Changes". *Communications Psychology* 1 (1): 1–13. https://doi.org/10.1038/s44271-023-00003-2.

Kraftfahrt-Bundesamt. 2023. „Inländerfahrleistung". Kraftfahrt-Bundesamt. https://www.kba.de/DE/Statistik/Kraftverkehr/VerkehrKilometer/vk_inlaenderfahrleistung/2022/2022_vk_kurzbericht.html.

Krügel, Sebastian, und Matthias Uhl. 2024. „The Risk Ethics of Autonomous Vehicles: An Empirical Approach". *Scientific Reports* 14 (1): 960. https://doi.org/10.1038/s41598-024-51313-2.

Leben, Derek. 2017. „A Rawlsian Algorithm for Autonomous Vehicles". *Ethics and Information Technology* 19 (2): 107–15. https://doi.org/10.1007/s10676-017-9419-3.

Leben, Derek. 2018. *Ethics for Robots: How to Design a Moral Algorithm*. New York: Routledge.

Levin, Sam, und Julia Carrie. 2018. „Self-driving Uber kills Arizona woman in first fatal crash involving pedestrian". *The Guardian*, 2018. https://www.theguardian.com/technology/2018/mar/19/uber-self-driving-car-kills-woman-arizona-tempe.

Li, Xinyue, Zhenpeng Chen, Jie Zhang, Federica Sarro, Y. Zhang, und Xuanzhe Liu. 2023. „Bias Behind the Wheel: Fairness Analysis of Autonomous Driving Systems". In . https://www.semanticscholar.org/paper/Bias-Behind-the-Wheel%3A-Fairness-Analysis-of-Driving-Li-Chen/2d50c18af29a3709b996a8bd905596630512e21f.

Lillehammer, Hallvard, Hrsg. 2023. *The Trolley Problem*. Classic Philosophical Arguments. Cambridge: Cambridge University Press. https://doi.org/10.1017/9781009255615.

Litman, Todd. 2020. „Autonomous Vehicle Implementation Predictions: Implications for Transport Planning". Transportation Research Board. https://trid.trb.org/View/1678741.

London Remembers. 2024. „First Driver Killed in Road Accident". *London Remembers*. https://www.londonremembers.com/memorials/first-driver-killed-in-road-accident/.

Lübbe, Weyma. 2022. „Corona Triage". *Verfassungsblog*, Juli. https://verfassungsblog.de/corona-triage-2/.

Mahler, Claudia. 2023. „Make UDHR Promises a Reality for Older Persons: UN Expert". https://www.ohchr.org/en/statements/2023/09/make-udhr-promises-reality-older-persons-un-expert.
Mansfield, C., S. Hopfer, und T. M. Marteau. 1999. „Termination Rates after Prenatal Diagnosis of Down Syndrome, Spina Bifida, Anencephaly, and Turner and Klinefelter Syndromes: A Systematic Literature Review. European Concerted Action: DADA (Decision-Making After the Diagnosis of a Fetal Abnormality)". *Prenatal Diagnosis* 19 (9): 808–12.
McConnell, Terrance. 2024. „Moral Dilemmas". In *The Stanford Encyclopedia of Philosophy*, herausgegeben von Edward N. Zalta und Uri Nodelman, Spring 2024. Metaphysics Research Lab, Stanford University. https://plato.stanford.edu/archives/spr2024/entries/moral-dilemmas/.
McFarlane, Andrew. 2010. „How the UK's First Fatal Car Accident Unfolded". *BBC News*, 17. August 2010, Abschn. Magazine. https://www.bbc.com/news/magazine-10987606.
McMahan, Jeff. 2013. „Moral Intuition". In *The Blackwell Guide to Ethical Theory*, herausgegeben von Hugh LaFollette und Ingmar Persson, 2. Aufl., 103–20. Malden, MA: Blackwell. https://doi.org/10.1111/b.9780631201199.1999.00007.x.
Mill, John Stuart. 1988. *Über die Freiheit*. Herausgegeben von Manfred Schlenke. Übersetzt von Bruno Lemke. Stuttgart: Reclam. https://www.reclam.de/detail/978-3-15-003491-0/Mill__John_Stuart/Ueber_die_Freiheit.
Mill, John Stuart. 2006. *Utilitarianism / Der Utilitarismus*. Herausgegeben und übersetzt von Dieter Birnbacher. Stuttgart: Reclam. https://www.reclam.de/detail/978-3-15-018461-5/Mill__John_Stuart/Utilitarianism___Der_Utilitarismus.
Miller, David. 1999. *Principles of Social Justice*. Cambridge, Mass: Harvard University Press.

Miller, David. 2020. „Needs-based justice. Theory and evidence." In *Empirical research and normative theory: Transdisciplinary perspectives on two methodical traditions between separation and interdependence*, herausgegeben von Max Bauer und Malte Meyerhuber, 273–94. Berlin: De Gruyter.

NHTSA. 2022. „Summary Report: Standing General Order on Crash Reporting for Automated Driving Systems". National Highway Traffic Safety Administration. https://www.nhtsa.gov/sites/nhtsa.gov/files/2022-06/ADS-SGO-Report-June-2022.pdf.

Nyholm, Sven. 2018. „The Ethics of Crashes with Self-Driving Cars: A Roadmap, I". *Philosophy Compass* 13 (7): e12507. https://doi.org/10.1111/phc3.12507.

Nyholm, Sven. 2023. „The Ethics of Transitioning Toward a Driverless Future". In *Test-driving the future: autonomous vehicles and the ethics of technological change*, herausgegeben von Diane P. Michelfelder, 59–75. Philosophy, technology, and society. Lanham: Rowman & Littlefield. https://doi.org/10.5771/9781786613240.

Otsuka, Michael. 2006. „Saving Lives, Moral Theory, and the Claims of Individuals". *Philosophy and Public Affairs* 34 (2): 109–35. https://doi.org/10.1111/j.1088-4963.2006.00058.x.

Papadoulis, Alkis, Mohammed Quddus, und Marianna Imprialou. 2019. „Evaluating the Safety Impact of Connected and Autonomous Vehicles on Motorways". *Accident Analysis & Prevention* 124 (Januar):12–22. https://doi.org/10.1016/j.aap.2018.12.019.

Parfit, Derek. 2003. „Justifiability to Each Person". *Ratio* 16 (4): 368–90. https://doi.org/10.1046/j.1467-9329.2003.00229.x.

Parfit, Derek. 2011. *On What Matters*. Bd. 1. 3 Bde. Oxford; New York: Oxford University Press.

Paulo, Norbert. 2016. *The Confluence of Philosophy and Law in Applied Ethics*. Basingstoke: Palgrave Macmillan.

Paulo, Norbert. 2020. „The Unreliable Intuitions Objection Against Reflective Equilibrium". *The Journal of Ethics* 24:333–53. https://doi.org/10.1007/s10892-020-09322-6.

Paulo, Norbert. 2023. „The Trolley Problem in the Ethics of Autonomous Vehicles". *The Philosophical Quarterly* 73 (4): 1046–66. https://doi.org/10.1093/pq/pqad051.

Paulo, Norbert. 2024. „Für eine Neuregelung der pandemiebedingten Triage". *Verfassungsblog*, Januar. https://doi.org/10.59704/98842fcd1ee327f1.

Paulo, Norbert, und Jan Christoph Bublitz, Hrsg. 2020. *Empirische Ethik: Grundlagentexte aus Psychologie und Philosophie*. Berlin: Suhrkamp.

Paulo, Norbert, Leonie Möck, und Lando Kirchmair. 2023. „The Use and Abuse of Moral Preferences in the Ethics of Self-Driving Cars". In *Experiments in Moral and Political Philosophy*, herausgegeben von Hugo Viciana, Antonio Gaitán, und Fernando Aguiar, 290–309. London: Routledge.

Petrinovich, Lewis, und Patricia O'Neill. 1996. „Influence of wording and framing effects on moral intuitions". *Ethology and Sociobiology* 17 (3): 145–71. https://doi.org/10.1016/0162-3095(96)00041-6.

Petrinovich, Lewis, Patricia O'Neill, und Matthew Jorgensen. 1993. „An empirical study of moral intuitions: Toward an evolutionary ethics". *Journal of Personality and Social Psychology* 64 (3): 467–78. https://doi.org/10.1037/0022-3514.64.3.467.

Pölzler, Thomas. 2023. „How to Do Empirical Political Philosophy: A Case Study of Miller's Argument for Needs-Based Justice". *Erkenntnis*, November. https://doi.org/10.1007/s10670-023-00747-7.

Porter, A. 1998. „First Fatal Car Crash in Britain Occurred in 1898". *BMJ (Clinical research ed.)* 317 (7152): 212.

Poscher, Ralf. 2021. „Die Abwägung von Leben gegen Leben". In *Triage in der Pandemie*, herausgegeben von Tatjana Hörnle, Stefan Huster, und Ralf Poscher, 1. Aufl., 41–81. Tübingen: Mohr Siebeck.

Prawitz, Sven. 2023. „Mercedes-Benz testet Level-3-System in Peking und plant Auslieferung in den USA". *»Automobil Industrie«*. https://www.automobil-industrie.vogel.de/mercedes-benz-assistenzsystem-level-3-peking-test-a-360a820f01fab-76f34d5fa58499a16b8/.

Rawls, John. 1951. „Outline of a Decision Procedure for Ethics". *Philosophical Review* 60 (2): 177–97.
Rawls, John. 2003. *Eine Theorie der Gerechtigkeit*. Übersetzt von Hermann Vetter. Frankfurt am Main: Suhrkamp.
Reeves, Richard. 2008. *John Stuart Mill: Victorian firebrand*. London: Atlantic.
Robertson-Steel, Iain. 2006. „Evolution of Triage Systems". *Emergency Medicine Journal* 23 (2): 154–55. https://doi.org/10.1136/emj.2005.030270.
Roschitz, Martin, und Matthias Heidrich. 2024. „WM-Triumph 2014: ‚Dann bist du mausetot' – Höwedes und die Katastrophe vor dem Titel". NDR.de. 2024. https://www.ndr.de/sport/fussball/WM-2014-Dann-bist-du-mausetot-Hoewedes-und-die-Katastrophe-vor-dem-Titel,wm1750.html.
SAE International. 2021. „Taxonomy and Definitions for Terms Related to Driving Automation Systems for On-Road Motor Vehicles". 2. Aufl. https://www.sae.org/standards/content/j3016_202104/.
Savulescu, Julian, Christopher Gyngell, und Guy Kahane. 2021. „Collective Reflective Equilibrium in Practice (CREP) and Controversial Novel Technologies". *Bioethics* 35 (7): 652–63. https://doi.org/10.1111/bioe.12869.
Scanlon, T. M. 1999. *What We Owe to Each Other*. Cambridge, MA: Harvard University Press.
Schäffner, Vanessa. 2024. *Unfallalgorithmen*. Karl Alber. https://doi.org/10.5771/9783495992043.
Schmidt, Elke Elisabeth. 2022. „Kant on Trolleys and Autonomous Driving". In *Kant and Artificial Intelligence*, herausgegeben von Hyeongjoo Kim und Dieter Schönecker, 189–222. Boston: De Gruyter. https://doi.org/10.1515/9783110706611-007.
Shalit, Avner de. 2020. „Political Philosophy and What People Think". *Australasian Philosophical Review* 4 (1): 4–22. https://doi.org/10.1080/24740500.2021.1876411.
Shepardson, David. 2023. „Backup Driver in 2018 Uber Self-Driving Crash Pleads Guilty". *Reuters*, 28. Juli 2023, Abschn.

Literatur 163

Autos & Transportation. https://www.reuters.com/business/autos-transportation/backup-driver-2018-uber-self-driving-crash-pleads-guilty-2023-07-28/.

Singer, Peter. 2013. *Praktische Ethik*. Übersetzt von Oscar Bischoff, Jean-Claude Wolf, Dietrich Klose, und Susanne Lenz. 3. Aufl. Stuttgart: Reclam.

Sinnott-Armstrong, Walter. 2005. „Moral Dilemmas". In *Encyclopedia of Philosophy*. https://www.encyclopedia.com/humanities/encyclopedias-almanacs-transcripts-and-maps/moral-dilemmas.

Sinnott-Armstrong, Walter. 2022. „Consequentialism". In *The Stanford Encyclopedia of Philosophy*, herausgegeben von Edward N. Zalta und Uri Nodelman, Winter 2022. Metaphysics Research Lab, Stanford University. https://plato.stanford.edu/archives/win2022/entries/consequentialism/.

Somerville, Heather, und David Shepardson. 2018. „Uber car's ‚safety' driver streamed TV show before fatal crash: police". *Reuters*. https://www.reuters.com/article/us-uber-selfdriving-crash-idUSKBN1JI0LB.

Sparrow, Robert, und Mark Howard. 2017. „When Human Beings Are Like Drunk Robots: Driverless Vehicles, Ethics, and the Future of Transport". *Transportation Research Part C: Emerging Technologies* 80 (Januar):206–15. https://doi.org/10.1016/j.trc.2017.04.014.

Statista. 2024a. „Straßenverkehrsunfälle in Deutschland". https://de.statista.com/themen/34/verkehrsunfall/.

Statista. 2024b. „Verkehrstote in Deutschland 2023". https://de.statista.com/statistik/daten/studie/185/umfrage/todesfaelle-im-strassenverkehr/.

Strohminger, Nina, Richard L. Lewis, und David E. Meyer. 2011. „Divergent Effects of Different Positive Emotions on Moral Judgment". *Cognition* 119 (2): 295–300. https://doi.org/10.1016/j.cognition.2010.12.012.

Sütfeld, Leon R., Richard Gast, Peter König, und Gordon Pipa. 2017. „Using Virtual Reality to Assess Ethical Decisions in Road Traffic Scenarios: Applicability of Value-of-Life-Based Models and Influences of Time Pressure". *Frontiers in Behavioral Neuroscience* 11. https://doi.org/10.3389/fnbeh.2017.00122.

Sütfeld, Leon René, Joshua Bronson, und Lando Kirchmair. 2025. „Automated Vehicle Regulation Needs to Speak to Code, Not to Humans: Keeping Safety and Ethics in the Public Domain". *Philosophy & Technology* 38 (1): 15. https://doi.org/10.1007/s13347-025-00846-z.

Svenson, Ola. 1981. „Are we all less risky and more skillful than our fellow drivers?" *Acta Psychologica* 47 (2): 143–48. https://doi.org/10.1016/0001-6918(81)90005-6.

Swann, William B., Ángel Gómez, John F. Dovidio, Sonia Hart, und Jolanda Jetten. 2010. „Dying and Killing for One's Group: Identity Fusion Moderates Responses to Intergroup Versions of the Trolley Problem". *Psychological Science* 21 (8): 1176–83. https://doi.org/10.1177/0956797610376656.

Taurek, John M. 1977. „Should the Numbers Count?" *Philosophy & Public Affairs* 6 (4): 293–316.

Thomson, Judith Jarvis. 1976. „Killing, Letting Die, and the Trolley Problem". *The Monist* 59 (2): 204–17.

Thomson, Judith Jarvis. 1985. „The Trolley Problem". *The Yale Law Journal* 94 (6): 1395–1415. https://doi.org/10.2307/796133.

Thomson, Judith Jarvis. 2020. *The Trolley Problem / Das Trolley-Problem*. Herausgegeben und übersetzt von Adriano Mannino und Nikil Mukerji. Ditzingen: Reclam.

Timmermann, Jens. 2000. „Kant und die Lüge aus Pflicht. Zur Auflösung moralischer Dilemmata in einer kantischen Ethik." 107.

Tversky, A., und D. Kahneman. 1974. „Judgment under Uncertainty: Heuristics and Biases". *Science* 185 (4157): 1124–31. https://doi.org/10.1126/science.185.4157.1124.

Valdesolo, Piercarlo, und David DeSteno. 2006. „Manipulations of Emotional Context Shape Moral Judgment". *Psychological Science* 17 (6): 476–77.

Varden, Helga. 2010. „Kant and Lying to the Murderer at the Door . . . One More Time: Kant's Legal Philosophy and Lies to Murderers and Nazis". *Journal of Social Philosophy* 41 (4): 403–21. https://doi.org/10.1111/j.1467-9833.2010.01507.x.

Vitzthum, Thomas. 2017. „Als Merkel in die Zukunft blicken soll, lacht das Auditorium". *Welt*, 9. Juni 2017. https://www.welt.de/politik/deutschland/article165359594/Als-Merkel-in-die-Zukunft-blicken-soll-lacht-das-Auditorium.html.

Voorhoeve, Alex. 2014. „How Should We Aggregate Competing Claims?" *Ethics* 125 (1): 64–87. https://doi.org/10.1086/677022.

Walzer, Michael. 1994. *Thick and Thin: Moral Argument at Home and Abroad*. Notre Dame, Indiana: University of Notre Dame Press.

Waymo. 2023. „Waymo Significantly Outperforms Comparable Human Benchmarks over 7+ Million Miles of Rider-Only Driving". *Waymo*. https://waymo.com/blog/2023/12/waymo-significantly-outperforms-comparable-human-benchmarks-over-7-million.

Welzel, Hans. 1951. „Zum Notstandsproblem". *Zeitschrift für die gesamte Strafrechtswissenschaft* 63:47–56. https://doi.org/10.1515/zstw.1951.63.1.47.

Wiegmann, Alex, Yasmina Okan, und Jonas Nagel. 2012. „Order effects in moral judgment". *Philosophical Psychology* 25 (6): 813–36. https://doi.org/10.1080/09515089.2011.631995.

Winton, Neil. 2022. „Computer Driven Autos Still Years Away Despite Massive Investment". *Forbes*, 27. Februar 2022. https://www.forbes.com/sites/neilwinton/2022/02/27/computer-driven-autos-still-years-away-despite-massive-investment/?sh=4ffec4a718cc.

World Health Organization. 2023. „Global Status Report on Road Safety 2023". https://www.who.int/publications/i/item/9789240086517.

Zamzow, Jennifer L., und Shaun Nichols. 2009. „Variations in Ethical Intuitions". *Philosophical Issues* 19 (1): 368–88. https://doi.org/10.1111/j.1533-6077.2009.00164.x.

MIX
Papier aus verantwortungsvollen Quellen
Paper from responsible sources
FSC® C105338

If you have any concerns about our products,
you can contact us on
ProductSafety@springernature.com

In case Publisher is established outside the EU,
the EU authorized representative is:
**Springer Nature Customer Service Center GmbH
Europaplatz 3, 69115 Heidelberg, Germany**

Printed by Libri Plureos GmbH
in Hamburg, Germany